ADAC
Reiseführer

Istanbul

von Elisabeth Schnurrer

W0048586

☐ Intro

☐ Unterwegs

Leserforum

Die Meinung unserer Leserinnen und Leser ist wichtig, daher freuen wir uns von Ihnen zu hören. Wenn Ihnen dieser Reiseführer gefällt, wenn Sie Hinweise zu den Inhalten haben – Ergänzungs- und Verbesserungsvorschläge, Tipps und Korrekturen – dann kontaktieren Sie uns bitte:

Redaktion ADAC Reiseführer
ADAC Verlag GmbH
Am Westpark 8, 81365 München
Tel. 089/76 76 41 59
reisefuehrer@adac.de
www.adac.de/reisefuehrer

Karten und Pläne

☐ Service

Istanbul aktuell A bis Z 118

Sprachführer 134

Türkisch für die Reise

Register 139

Istanbul Impressionen

Schillernde Weltstadt am Bosporus

Romantiker haben Istanbul mit der alt-testamentarischen *Salome* verglichen, jener geheimnisvollen Schönen, die mit ihrem Tanz der Sieben Schleier das Publikum bezirzte. Auch Istanbul, die Perle am Bosporus, ist voller Magie und offenbart erst nach und nach alle Facetten ihres faszinierenden städtischen Kosmos. Besucher aus aller Welt bewundern die Kirchen, Moscheen und Paläste, bestaunen jene großartige Monumentalarchitektur, die Kaiser und Sultane zum Ruhm Gottes und ihrer selbst schufen.

Neben den Baudenkmälern entzücken vor allem die Alltagsgesichter der Stadt, die lebhaften **Märkte**, die lauschigen **Cafés**, die kopfsteingepflasterten **Gassen** und die trubeligen **Flaniermeilen**. Ganz zu schweigen vom Zauber des Wassers, das in Gestalt des **Goldenen Horns** und des **Bosporus** auftritt. Die erstere Wasserstraße trug als idealer Naturhafen maßgeblich dazu bei, dass die kleine griechische Handelsniederlassung zur Weltstadt aufstieg. Auf der zweiten fuhren der Sage nach in grauer Vorzeit schon Jason und seine Argonauten auf der Suche nach dem Goldenen Vlies vom Mittelmeer zum Schwarzen Meer. Für Istanbul hat der Bosporus von jeher als Handelsroute große Bedeutung gehabt, doch dieser praktische Aspekt wird von seiner geographisch-kulturellen Schlüsselrolle weit überstrahlt: Er markiert die Nahtstelle zwischen **Europa** und **Asien**, zwischen Orient und Okzident. Und tatsächlich verleiht die Tatsache, dass Istanbul als einzige Stadt der Welt auf zwei Kontinenten liegt, der Metropole zusätzliche Faszination.

Kundschafter glorreicher Zeiten

Schon seit fast 3000 Jahren zieht Istanbul die Menschen an. Gegründet wurde die heutige **17-Millionen-Metropole** um 700 v. Chr. unter dem Namen **Byzantion** als griechische Kolonie, und dank ihrer verkehrsgünstigen Lage entwickelte sie

sich schnell zum wohlhabenden Handelsplatz. Im Jahr 330 stieg sie gar zur **Hauptstadt** des Römischen Imperiums auf, eine Ehre, die sie *Kaiser Konstantin dem Großen* verdankte. Kein Wunder also, dass sie nach seinem Tod **Konstantinopel** getauft wurde. Wie die Schwesterstadt im Westen war auch dieses ›Neue Rom‹ auf sieben Hügeln erbaut, die heute den Kern der **Altstadt** bilden. Hier erzählen uralte majestätische Monumente die

Geschichte der Stadt. Den Anfang macht die im 6. Jh. erbaute **Hagia Sophia**, einer der beeindruckendsten *Kuppelbauten* weltweit und einst größte Kirche der

Oben: *Sternstunde der byzantinischen Kunst und Inbegriff der Mutterliebe – Maria mit Christuskind in der Chora-Kirche*
Mitte: *Savoir Vivre und Antiken-Reminiszenzen im Çırağan Palace Kempinski, Passanten in tuchbunter Passage an der Istiklal Caddesi*
Links: *Die Blaue Moschee, oder ewig währt die schöne Form – stilvolle Szene mit Fez und Minaretten, Samowar und Kuppelkaskaden*

7

Christenheit. Nach der muslimischen *Eroberung* Istanbuls 1453 fungierte die Hagia Sophia als Moschee. Heute ist sie Museum und hält Besucher mit ihrer fulminanten Raumwirkung und altehrwürdigen Ausstattung in Bann, zu der auch ergreifende byzantinische *Mosaiken* gehören. Ein weiteres Istanbuler Glanzlicht ist der nahe **Topkapı Sarayı**, Residenz der Sultane, welche die Stadt unter dem Namen **Stanbul** zur Kapitale des *Osmanischen Reiches* ausbauten. Der riesige Palast begeistert mit seinen prunkvollen Gemächern und Pavillons, den Gärten und Höfen, den wohlgefüllten Schatzkammern und dem geheimnisumwitterten Harem. Weltberühmt ist die **Blaue Moschee**, die dritte im Bunde der großen Sehenswürdigkeiten im historischen Zentrum. *Sultan Ahmet I.* hatte die gewaltige Kuppelmoschee mit sechs Minaretten 1609–16 als Gegenstück zur Hagia

Sophia bauen und generös mit üppig ornamentierten *Kacheln* auskleiden lassen. Gut 300 Jahre später bestimmte ein weiterer Staatsführer, der als Gründer der Türkei verehrte *Mustafa Kemal Atatürk*, die Geschicke der Stadt. Zwar beraubte er sie 1923 zugunsten des zentraler gelegenen Ankara ihrer Hauptstadtwürde, verlieh ihr aber 1930 als Ausdruck der

Oben: *Gebautes Gotteslob – die lichtdurchtränkte Blaue Moschee mit porzellanzarten Kacheln und himmlischen Kuppelmelodien*
Rechts oben: *Tanzende Derwische wie bunte Kreisel, zinnenreiche Rumeli-Festung und buntdynamische Kunst im Istanbul Modern*
Rechts: *Asien und der Bosporus – Galaabend auf der Terrasse des Cihangir Restaurants*

neuen Zeit offiziell den Namen **Istanbul**, was entsprechend der griechischen Wurzeln ›die Stadt‹ schlechthin bedeutet.

Von uralt bis jugendlich

Istanbul ist stolz auf sein Alter und seine Geschichte. In der Altstadt stehen dafür die **Yerebatan-Zisterne**, die unter *Kaiser Justinian I.* im 6. Jh. ausgebaut wurde, oder die **Theodosianische Landmauer**, deren trutzige Festungsanlagen die Stadt seit der Zeit *Kaiser Theodosius' II.* im frühen 5. Jh. bis zur Eroberung im Jahr 1453 schützten. Das älteste Monument Istanbuls ist jedoch ein 1490 v. Chr. in Ägypten geweihter, hieroglyphengeschmückter **Obelisk**, der im 4. Jh. hier auf dem **Hippodrom** aufgerichtet wurde. Die Pferderennbahn ist heute als **At Meydanı** zentraler Platz des Altstadtviertels **Sultanahmet**. Dessen oft steile Gassen säumen vielfach traditionelle osmanische Holzhäuser, dazwischen ragen immer wieder Gebetshäuser auf, z. B. die **Sokullu-Mehmed-Paşa-Moschee** oder die auf eine byzantinische Kirche zurückgehende Kleine Hagia Sophia, **Küçük Ayasofya Camii**.

Größere Moscheenkomplexe wie die **Prinzenmoschee** und die **Süleymaniye**, Meisterwerke des genialen Baumeisters **Sinan**, erheben sich weithin sichtbar auf den Altstadthügeln. Neben ihrer architektonischen Prägnanz und Eleganz sind sie für ihre Innenausstattung berühmt. Augenweiden sind vor allem die erlesen ornamentierten, häufig flächendeckend als Wandverkleidung eingesetzten **Iznik-**

Fliesen. Sie gelten als Höhepunkte islamischer Dekorationskunst.

Orientalische Händlertradition ist in den Basaren der Stadt lebendig. Hauptanziehungspunkte sind der labyrinthartige **Große Basar** mit seinem kunterbunten Warenangebot und der von Gewürzen, Kräutern und Parfümen duftende **Ägyptische Markt** am Ufer des Goldenen

Horns. Mit Schick und Trends locken Einkaufsstraßen und Flaniermeilen, darunter die **Bağdat Caddesi** auf der asiatischen Seite und die attraktive und stets belebte **Istiklal Caddesi** im europäischen Neustadtviertel **Beyoğlu**. Letzteres bildet das zweite touristische Zentrum Istanbuls, sein Wahrzeichen ist der gewaltige, aussichtsreiche **Galataturm** aus der Mitte des 14. Jh. Das Straßenbild prangt mit gediegenen Hotelbauten und vornehmen Stadtpalästen im **Jugendstil** der 1920er-Jahre, am verkehrsreichen **Taksim-Platz** wiederum herrschen Ästhetik und Monumentalarchitektur der Moderne. In der Tat entzückt Beyoğlu mit jungem und lebensfrohem Flair. Tagsüber sieht man hier Studenten, Musiker, Künstler und Bohemiens, nach Sonnenuntergang tummeln sich meist jugendliche Nachtschwärmer in den Bars und Diskotheken. Sie bekräftigen den Ruf Istanbuls als eine der aufregendsten **Partymetropolen** Europas.

Ausflugsdampfer die Wasserstraße. Eine Fahrt auf dem Bosporus zum **Schwarzen Meer** gehört zu den großen Istanbul-Erlebnissen, bereichert durch bilderbuch-

Freuden, Genüsse und Lockungen

Ein weiterer ›Hotspot‹ des Istanbuler Nachtlebens ist das Studentenviertel **Ortaköy** am Bosporus. An seinen Ufern tanzen im Sommer in riesigen Freiluftdiskos jede Nacht Tausende von Feierlustigen bis zum Morgengrauen. Auch untertags geht es am bzw. auf dem Bosporus lebhaft zu, dann bevölkern neben zahlreichen Frachtern viele Fähren und

Oben: *Kaffeepause (18. Jh.) im Pera-Museum, Blumenbouquet in der Rüstem Paşa Camii, Chefkreationen des Çırağan Palace Kempinski, geschraubte Kunst im Santral Istanbul*
Oben rechts: *Schaufensterglanz und Ornamentgeglitzer in der Istiklal Caddesi*
Rechts: *Mal ganz in Orange getaucht – märchenhafter Schattenriss der Blauen Moschee*

schöne Stadt- und Landschaftspanoramen. Dazu gehören die Residenzen der letzten Sultane: der **Dolmabahçe-Palast** mit seinem pompösen neobarocken Design und die gleichfalls prächtig dekorierten **Beylerbeyı Sarayı** und **Küçüksü Kasrı**. Weitere Augenweiden sind der mondäne Jachthafen von **Bebek** und die beiden osmanischen Festungen, **Rumeli Hisarı** auf der europäischen und **Anadolu Hisarı** auf der asiatischen Seite. In Kanlıca oder Sarıyer bewundert man schmucke hölzerne Sommerhäuser, *Yalıs* genannt, und immer wieder kommen tiefgrüne Wäldchen, blumenbunte Parks und traditionelle Dörfer am Bosporus ins Visier. Das nördlichste auf der Ausflugsroute ist *Anadolu Kavağı*. Hier kann man im Schatten einer byzantinischen Burgruine ausgezeichnet Fisch essen.

Vielfältige kulinarische Genüsse findet man selbstverständlich auch im Herzen Istanbuls, in **Kumkapı** etwa oder an der Uferpromenade im asiatischen Stadtteil **Üsküdar**. Die Küche Istanbuls ist mediterran geprägt und bietet Gaumenfreuden von Auberginenauflauf bis zu süßsauren Zucchini. Unwiderstehlich sind auch die Verlockungen von honigsüßem Baklava, pistazienverziertem Lokum und karamellisierter Vanillecreme.

Nicht zuletzt kulturell ist Istanbul ein Hochgenuss. Seit den Zeiten des **Orient Express** ist die Stadt der zwei Kontinente Sehnsuchtsziel für Reisende aller Länder. Heute überzeugt sie zudem mit hochka-

rätigen Sammlungen der Gegenwartskunst, darunter das **Istanbul Modern** am Bosporus und das **Santral Istanbul** am Goldenen Horn. Wer einen Blick zurück in die Antike werfen möchte, wird sich für die Skulpturen und Reliefs des **Archäologischen Museums** begeistern. In die Welt des romantischen Orientalismus entführt das hochrangige **Pera-Museum** mit Exponaten wie dem bezaubernden Gemälde des ›Schildkrötenerziehers‹ von 1906. Glanzpunkten der byzantinischen Kunst begegnet man noch einmal in der **Chora-Kirche**, welche unübertrefflich schöne und erzählfreudige Mosaiken und Fresken bewahrt.

Geschichte, Kunst, Kultur im Überblick

Byzantion, Konstantinopel, Istanbul –
Stadt der Kaiser, Sultane und Reformer

um 700 v. Chr. Griechen aus Megara gründen im Bereich des heutigen Istanbuler Stadtteils Kadıköy die Siedlung Chalcedon. Sie liegt am asiatischen Ostufer des Bosporus, der Meerenge zwischen Schwarzem Meer und Marmarameer, welches wiederum Verbindung zum Mittelmeer hat.

um 660 v. Chr. Byzas aus Megara besiedelt die Halbinsel auf der europäischen Seite des Bosporus. Mit dem nördlichen Zufluss des Bosporus, dem sog. Goldenen Horn, besitzt die nach ihrem Gründer Byzantion genannte Siedlung einen gut geschützten Naturhafen und überflügelt daher bald das gegenüberliegende Chalcedon.

2. Jh. v. Chr. Im Zweiten Makedonisch-Römischen Krieg steht die wohlhabende Handelsstadt Byzantion auf der Seite Roms.

69–79 n. Chr. Kaiser Vespasian verleibt das zwischen den römischen Provinzen Thrakien (Balkan) und Bithynien (Kleinasien) gelegene Byzantion dem Römischen Reich als Byzantium ein.

193–196 Machtkämpfe erschüttern das Römische Reich. Kaiser Septimius Severus (146–211) belagert Byzantion, weil es den Gegenkaiser Pescennius Niger unterstützt hatte. Septimius Severus erobert und verwüstet die Stadt, lässt sie aber anschließend wieder aufbauen und erweitern.

284–305 Nach Krisen im Römischen Reich reformiert Kaiser Diokletian das Regierungssystem. Er teilt das wegen seiner Größe unregierbar gewordene Imperium in eine West- und Osthälfte, die von je einem Kaiser regiert werden.

313 Die Konstantinische Wende: Konstantin der Große (ca. 272/285–337), Kaiser der weströmischen Provinzen, und sein Mitregent im Osten, Licianus Licinius, verabschieden das Toleranzedikt von Mailand, welches die rechtliche Gleichstellung des Christentums mit den übrigen Religionen des Reiches zusichert.

Täufling Konstantin der Große, 1246, Rom, SS. Q. Coronati

324 Rivalitäten zwischen den beiden Kaisern führen zur Schlacht bei Chrysopolis (nahe dem heutigen asiatischen Stadtteil Üsküdar). Der siegreiche Konstantin ist fortan Alleinherrscher über das Römische Reich.

325 Konstantin beruft das Erste Ökumenische Konzil von Nicäa (heute Iznik) ein, um einen Glaubensstreit zu schlichten, welcher die christliche Kirche zu spalten droht und auch die Einheit des Römischen Reiches gefährdet.

330 Wegen der zunehmenden Bedeutung der östlichen Reichshälfte verlegt Konstantin seine Residenz nach Byzantium, das er als Nova Roma (Neues Rom) zur Hauptstadt des Imperium Romanum erklärt.

337 Kurz vor seinem Tod lässt sich Konstantin christlich taufen. Die Hauptstadt wird nach seinem Ableben zu seinen Ehren in Konstantinopel umbenannt.

381 Kaiser Theodosius I. (347–395) erhebt das Christentum zur Staatsreligion. Zur Beilegung des wieder aufflammenden Glaubensstreits beruft er das Erste Konzil von Konstantinopel ein.

395 Die beiden Söhne Theodosius' I. teilen das Römische Reich unter sich auf: Während Honorius im Westen regiert, herrscht Arcadius über das Oströmische Reich.

412 Kaiser Theodosius II. (401–450) lässt Konstantinopel mit der mächtigen Theodosianischen Landmauer im Westen befestigen, die den zahlreichen Angriffen der folgenden Jahrhunderte, so durch Goten und Hunnen, standhält.

451 Beim Konzil von Chalcedon sagen sich die altorientalischen Kirchen Palästinas, Syriens und Ägyptens von der römisch-byzantinischen Reichskirche los.

476 In Rom setzt der germanische Heerführer Odoaker den letzten weströmischen Kaiser Romulus Augustulus ab und besiegelt damit das Ende des Weströmischen Reiches.

ab 527 Kaiser Justinian I. (ca. 482–565) führt mit Unterstützung seiner Gemahlin Theodora I. (ca. 500–548) das Byzantinische (Oströmische) Reich zur bislang größten Blüte. Konstantinopel ist mittlerweile eine Stadt mit 600 000 Einwohnern. Justinian initiiert ehrgeizige Bauprojekte, fördert Wissenschaften und Künste.

532 Der Volkszorn über Justinians rigide Machtpolitik mündet im Nika-Aufstand von Konstantinopel. Als die im Hippodrom (Pferderennbahn) versammelten Rebellen einen Gegenkaiser ausrufen, gibt Justinian seinen Truppen den Befehl den Aufstand niederzuschlagen. 30 000 Aufrührer sterben, das Zentrum Konstantinopels fällt einem Brand zum Opfer. Auf den Trümmern lässt Justinian glanzvolle Neubauten errichten, die Macht und Größe des Byzantinischen Reiches und der Staatskirche demonstieren sollen. Allen voran steht hier die neue Hagia Sophia, die bereits 537 eingeweihte damals größte Kirche der Christenheit.

ab 533 Justinian erobert Nordafrika, Italien und Teile Spaniens. Das Byzantinische Reich erreicht damit wieder eine Ausdehnung, die dem des Römischen Reiches weitgehend entspricht.

ab 622 Kaiser Herakleios (reg. 610–641) erwirkt die Rückbesinnung auf die griechischen Wurzeln des Reiches. Griechisch wird offizielle Landessprache, der Kaiser trägt den Titel Basileos und Konstantinopel verliert sein römisches Gepräge. – Islamische Araber dringen in das kriegsgeschwächte Perserreich ein und erobern auch zum Byzantinischen Reich gehörige Gebiete wie Syrien, Mesopotamien und Ägypten.

674–678 Arabische Truppen belagern Konstantinopel, doch Kaiser Konstantin IV. Pogonatos (reg. 668–685) schlägt sie zurück.

717/718 Unter Kalif Suleiman erfolgt ein weiterer Angriff muslimischer Truppen auf Konstantinopel. Kaiser Leo III. (reg. 717–741) lässt im Hafen des Goldenen Horns eine Schiffsblockade einrichten. Die Araber werden vernichtend geschlagen.

726–787 Der erste Byzantinische Bilderstreit (Ikonoklasmus) um Fragen christlicher Bilderverehrung entbrennt in Kirche und Kaiserhaus. Kaiser Leo III. proklamiert als erster ein Bildverbot und lässt als wundertätig verehrte Heiligenikonen aus den Kirchen entfernen und vernichten. In der Folgezeit führen Machtkämpfe von Bilderfeinden (Ikonoklasten) und Bilderfreunden (Ikonodulen) zu bürgerkriegsähnlichen Zuständen.

797 Kaiser Konstantin VI. (* 771) wird auf Befehl seiner Mutter Irene von Athen (753–803) geblendet und stirbt. Nun besteigt sie als erste Kaiserin des Byzantinischen Reichs den Thron.

843 Kaiserin Theodora II. (810–867) regiert in Konstantinopel für ihren minderjährigen Sohn Michael III. (839–867). Sie beendet die zweite Phase des Bilderstreits (ab 813), indem sie das Bilderverbot aufhebt und die Wiederherstellung von Ikonen veranlasst.

867–886 Kaiser Basileios I. (ca. 812–886), der Makedonier, erobert weite Gebiete von den Arabern zurück. Er begründet die Makedonische Dynastie (bis Mitte des 11. Jh.), die mit einer kulturellen Blüte einhergeht (Makedonische Renaissance).

1014 Basileios II., der Bulgarentöter (ca. 956–1025), siegt in der Schlacht von Kleidion über die Bulgaren und macht etwa 14 000 Gefangene, die er blenden lässt. In den Folgejahren verleibt er Bulgarien und Armenien dem Reich ein.

1054 Nach jahrhundertelangem Machtkampf der Kirchen kommt es zum Morgenländischen Schisma, der endgültigen Spaltung von römisch-katholischer und byzantinisch-orthodoxer Kirche.

1057–59 Isaak II. Komnenos (1005–1061) reformiert Verwaltung und Finanzen des Byzantinischen Reiches und begründet die Komnenen-Dynastie.

1071 In der Schlacht von Mantzikert besiegen muslimische Seldschuken aus Zentralasien das byzantinische Heer unter Roma-

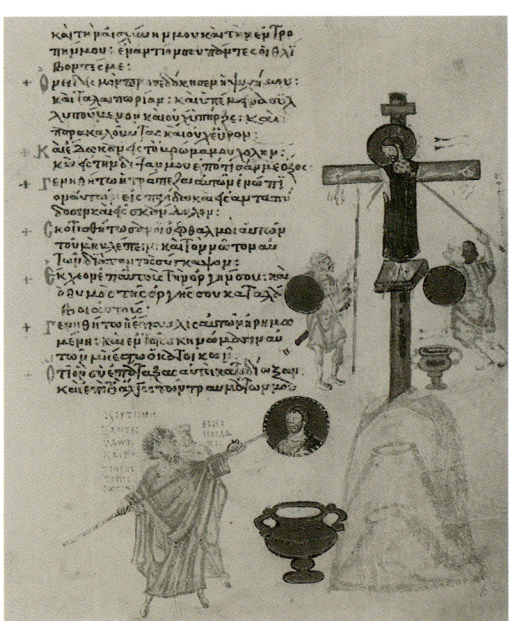

Bildauslöscher Johannes VII., Chludow-Psalter, 850, Moskau

nos IV. Bis auf wenige Küstengebiete ist Kleinasien (Anatolien) von nun an für das Byzantinische Reich verloren.

ab 1081 Der in Süditalien ansässige Normannenherzog Robert Guiscard dringt ins Byzantinische Reich ein. Der just inthronisierte Kaiser Alexios I. Komnenos (1048–1118) ruft die mächtige Seerepublik Venedig zu Hilfe. Die Venezianer erhalten für ihre Unterstützung Handelsplätze in Konstantinopel und dürfen im ganzen Reich steuerfrei Handel treiben.

1143 Manuel I. Komnenos (1118–1180) besteigt den Kaiserthron. Seine Regentschaft gilt als letzte Glanzzeit des Byzantinischen Reiches. Innenpolitisch treten die Venezianer als dominierende Handelsmacht hervor, zahllose Kaufleute aus der Lagunenstadt sind nun in Konstantinopel ansässig. Da inzwischen auch die konkurrierenden Seerepubliken Genua und Pisa hier Handel treiben, kommt es immer wieder zu italienischen Machtkämpfen am Bosporus, was die sog. Lateiner bei der griechischen Bevölkerung verhasst macht.

1171 Ausschreitungen im Genueser-Viertel Pera in Konstantinopel werden den Venezianern zur Last gelegt. Manuel I. lässt ihren Besitz konfiszieren und viele von ihnen inhaftieren. Hunderte verlieren ihr Leben. Das Verhältnis der einstigen Bündnispartner ist damit zerrüttet, auch der Friedensschluss von 1177 bringt keine Versöhnung.

1176 In der Schlacht von Myriokephalon wird Manuel I. von den Seldschuken besiegt, die von nun an immer tiefer ins Byzantinische Reich drängen.

1182 Erneut flammt der Hass der Bevölkerung Konstantinopels gegen italienische Kaufleute auf. Beim Lateinerprogrom werden die am Bosporus verbliebenen Genuesen und Pisaner ermordet.

1195 Alexios III. Angelos (um 1150–1211) verdrängt seinen Bruder Isaak II. (1155–1204) vom Kaiserthron.

1202–04 Isaaks Sohn Alexios ersucht zu Beginn des Vierten Kreuzzuges, der maßgeblich von Venedig finanziert wird und eigentlich Jerusalem zum Ziel hat, die Kreuzfahrer um Hilfe. Daraufhin führt der 95-jährige venezianische Doge Enrico Dandolo das Heer gegen Konstantinopel. Nach der Eroberung flieht Kaiser Alexios III. mit dem Staatsschatz und Isaak II. wird wieder eingesetzt. Doch er kann die Kreuzfahrer nicht wie versprochen bezahlen. Das nehmen diese 1204 zum Anlass, die Stadt zu plündern und zu brandschatzen. Sie töten viele Einwohner und erbeuten zahllose Kunstschätze, Ikonen und Reliquien.

ab 1204 Unter der Federführung Venedigs teilen die siegreichen Kreuzritter das Byzantinische Reich als Lateinisches Kaiserreich in mehrere Kleinstaaten auf. Das Kerngebiet befindet sich um Konstantinopel, das nur noch etwa 50 000 Einwohner zählt.

1261 Die Rückeroberung Konstantinopels durch Michael VIII. Palaiologos (ca. 1224/25–1282) hat die Wiederherstellung des Byzantinischen Reiches zu Folge. Mit Michael VIII. beginnt die Dynastie der Palaiologen (bis 1453).

1299 Osman I. (um 1258–1326) erklärt sich unabhängig vom Seldschucken Reich und gründet im Nordwesten Kleinasiens das muslimische Osmanische Reich.

1315–21 Kanzler Theodoros Metochites (1270–1332) lässt die Chora-Kirche nahe der Stadtmauer von Konstantinopel restaurieren und komplett mit Bilderzyklen ausschmücken.

1326–65 Die Osmanen unter Sultan Orhan I. (1281–1359) erobern Bursa und machen es zur Hauptstadt. Anschließend drängen sie weiter nach Westen, wo sie 1331 Nicäa einnehmen. Die Expansion nach Europa beginnt mit der Einnahme von Gallipoli 1354. Unter Orhans Sohn Murad I. (reg. 1359–89) wird das noch weiter westlich gelegene 1361 Adrianopel (Edirne) erobert und 1365 zur Hauptstadt erklärt.

Eroberung Konstantinopels 1204, Venedig, Dogenpalast

Süleyman I. der Prächtige, 1558/59, London, Br. Library

29. Mai 1453 Nach 54 Tagen Belagerung nimmt der osmanische Sultan Mehmed II. (1432–1481) Konstantinopel ein. Mehmed nennt sich von nun an ›Fatih‹, der Eroberer, und macht Konstantinopel unter dem Namen Stanbul zur Hauptstadt seines Reiches. Die meisten Kirchen werden nun in Moscheen umgewandelt.

1465 Mehmed II. lässt in der Metropole den Palast Topkapı Sarayı errichten. Nachfolgende Sultane wie Süleyman I. bauen die Anlage zu einer Palaststadt aus.

1520–66 Regierungszeit von Sultan Süleyman I., dem Prächtigen (um 1494–1566), auch ›Kanuni‹, der Gesetzgeber, genannt. Das Osmanische Reich steigt zur Weltmacht auf. Es reicht von Ungarn über den Balkan und die Krim bis nach Bagdad und Nordafrika. 1529 stehen osmanische Truppen erstmals vor Wien, doch die Belagerung wird abgebrochen.

1550 Süleyman beauftragt seinen Hofarchitekten Sinan, den größten Moscheekomplex der Welt zu errichten. In nur fünf Jahren konstruiert der ›osmanische Michelangelo‹ die Süleymaniye-Moschee.

1566 Nach dem Tod Süleymans beginnt die sog. Sultanat der Frauen, eine etwa 300 Jahre andauernde Epoche, in der die Gemahlinnen der Sultane starken Einfluss auf die Politik nehmen.

1609 Sultan Ahmet I. gibt den Bau der Blauen Moschee (Sultan Ahmet Camii) in Auftrag. Das Gotteshaus mit sechs Minaretten wird 1616 vollendet.

1683 Die Osmanen stehen erneut vor Wien, werden aber vernichtend geschlagen. Auch in den Folgejahren bescheren europäische Mächte wie Österreich und Venedig dem Osmanischen Reich an mehreren Fronten schwere Niederlagen. Im Norden kommt Russland als neuer Gegner hinzu.

1718 Der Friede von Passarowitz legt den Balkan als osmanische Westgrenze fest. Vor allem aufgrund des technischen Fortschritts im Westen und der Erstarrung des Osmanischen Reiches fällt dieses immer weiter zurück. Ein Krieg folgt dem anderen und die Osmanen verlieren stetig an Boden. – Die internationale Diplomatie verwendet in dieser Periode erstmals den Ausdruck ›Hohe Pforte‹ für den Sitz des Großwesirs, des Regierungschefs des Osmanischen Reiches.

1718–30 Während seiner Regentsschaft lässt Sultan Ahmet III. (1673–1736) in Konstantinopel Paläste und Gärten anlegen und begeistert sich für teure Importtulpen aus Holland, was der Epoche den Namen Tulpenzeit einträgt. Nach großen Gebietsverlusten wird Ahmet III. von den Janitscharen, einer privilegierte Kerntruppe der Armee, abgesetzt.

1774 Der Friede von Kücük Kaynarca beendet einen verlustreichen Krieg mit Russland (ab 1768). Im Friedensvertrag wird das Osmanische Reich in seiner Ausdehnung und Machtausübung stark beschnitten. Im Lande werden alle Reformbemühungen von den Janitscharen im Keim erstickt, weil sie um ihre Privilegien fürchten.

1790 Das Bündnis Preußens mit dem Osmanischen Reich verhindert die im Russisch-Österreichischen Türkenkrieg (1787–92) angestrebte Zerschlagung des Reiches.

1. Hälfte 19. Jh. In diesem Zeitraum fällt das Erstarken des Nationalismus im osmanischen Herrschaftsbereich: Es gibt Aufstände in Serbien (1813), Griechenland (ab 1821) und Rumänien (ab 1848). Nun beschleunigt sich der Zerfall des Osmanischen Reiches. Vermehrt mischen sich Frankreich, England und Russland in innenpolitischen Belange ein.

Graf von Moltke, Ausbilder der osmanischen Armee

1826 Sultan Mahmud II. lässt 30 000 Janitscharen in ihren Kasernen und auf den Platz vor der Sultan-Ahmet-Moschee von loyalen Truppen töten (›Wohltätiges Ereignis‹). Jetzt ist der Weg frei für Reformen, die vor allem auf die Trennung von geistlicher und weltlicher Macht zielen.

1836–39 Der Deutsche Helmuth Karl Bernhard Graf von Moltke wird Ausbilder der osmanischen Armee. Die deutsche Rüstungsindustrie liefert Waffen.

1843 Als neue Residenz lässt Sultan Abdülmecid I. (1823–1861) am nördlichen Bosporusufer den bombastischen Dolmabahçe Palast im Stil westeuropäischen Neobarocks errichten.

15

1845 Bezmiâlem Valide Sultan (1807–1853), die Mutter von Sultan Abdülmecid I., lässt die Mündung des Goldenen Horns mit einer Holzbrücke, der ersten Galatabrücke, überspannen.

1852 Der russische Zar Nikolaus prägt die Metapher vom ›Kranken Mann am Bosporus‹ in Bezug auf das geschwächte Osmanische Reich.

1875/81 Zweimal muss der Osmanische Staat Bankrott erklären. 80 % der Staatseinnahmen werden zur Schuldentilgung an europäische Großmächte abgeführt.

1876–1909 Regierungszeit von Sultan Abdülhamid II. (1842–1918). Bei Amtsantritt lässt er eine liberale Verfassung mit Parlamentarischem System ausarbeiten, die er aber schon 1878 wieder aufhebt.

1889/98 Der deutsche Kaiser Wilhelm II. besucht Sultan Abdülhamid II. in Konstantinopel. Als Gastgeschenk stiftet der Kaiser am Hippodrom den Deutschen Brunnen (1898).

1903 Das Deutsche Reich erhält von den Osmanen die Genehmigung zum Bau der Bagdadbahn. 1906 beginnt die Firma Philipp Holzmann in Konstantinopel mit der Errichtung des Startbahnhofs, des Haydarpaşa Garı am asiatischen Ufer des Bosporus.

1909 Die oppositionellen Jungtürken, nationalistisch orientierte Militärs und Intellektuelle, zwingen Sultan Abdülhamid II. zur Abdankung zugunsten seines Bruders Mehmed V. Sie fordern die Wiederherstellung der Verfassung von 1876, die Souveränität des Parlaments und die Einschränkung der Sultansmacht. Gleichzeitig lehnen sie die Pressefreiheit ab und proklamieren die generelle Überlegenheit von Türken gegenüber anderen Volksgruppen.

1912 Neubau der Galatabrücke als Eisenzugbrücke durch die Firma MAN.

1912/13 In den Balkankriegen verliert das Osmanische Reich bis auf Konstantinopel und Adrianopel alle europäischen Gebiete an die Balkanstaaten.

1914–18 Teilnahme am Ersten Weltkrieg an der Seite Deutschlands.

April 1915–Jan. 1916 In der Schlacht von Gallipoli (auch Dardanellenschlacht) greifen die Alliierten (GB, F, AUS, NZ) türkische Stellungen auf der Halbinsel Gallipoli an. Ziel ist die Eroberung Istanbuls. Obgleich zahlenmäßig unterlegen, gelingt es den Türken unter ihren Befehlshabern Mustafa Kemal (1881–1938) und Otto Liman von Sanders (1855–1929), die Stellung zu halten. Die Zahl der Toten und Verletzten auf beiden Seiten wird auf insgesamt 500 000 beziffert.

1918 Alliierte Truppen besetzen den Westen des Osmanischen Reiches und seine Hauptstadt. Die Armee kapituliert, die Jungtürken werden von den Siegermächten abgesetzt. Auch der neue Sultan Mehmed VI. (1861–1926), Bruder des jüngst verstorbenen Mehmed V., fortan politisch entmachtet.

1919–22 Gegen den Verlust der nationalen Souveränität erhebt sich Widerstand in Bevölkerung und Militär. Unter Mustafa Kemal beginnt am 19. Mai 1919 (heute Nationalfeiertag) der Türkische Befreiungskrieg. Er endet mit der Eroberung Smyrnas (Izmir) im September 1922. Nach der Aufhebung des Sultanats durch die türkische Nationalversammlung im November geht Mehmed VI. ins Exil. Er stirbt 1926 im italienischen San Remo.

29. Oktober 1923 Mustafa Kemal ruft die Türkische Republik aus, die im Frieden von Lausanne ihr heutiges Staatsgebiet erhält. Hauptstadt wird das zentral gelegene Ankara.

ab 1924 Kemal setzt die Trennung von Staat und Religion durch, etabliert die lateinische Schrift anstelle der arabischen und sorgt für die Gleichstellung von Mann und Frau. Zudem führt er erstmals Nachnamen ein. Für ihn wählt die Nationalversammlung 1934 den Namen ›Atatürk‹, Vater der Türken. Der sog. Kemalismus, der sich an der Politik Atatürks orientiert, avanciert zur Staatsräson der Türkei.

1930 Die Bosporusmetropole wird offiziell in Istanbul umbenannt.

1938 Mustafa Kemal Atatürk stirbt in seinem Amts- und Wohnsitz, der alten Istanbuler Sultansresidenz Dolmabahçe Sarayı.

ab 1950 Adnan Menderes und seine Demokratische Partei (DP) gehen aus den ersten freien Wahlen in der Türkei als Sieger hervor. Menderes wendet sich teilweise vom Kemalismus ab, will die Trennung von Staat und Islam abschwächen und beginnt schließlich, gegen die Opposition vorzugehen.

1955 Der seit Jahrzehnten schwelende Konflikt zwischen Griechen und Türken flammt wieder auf und eskaliert im Pogrom von Istanbul, bei dem fast die gesamte christliche (meist griechische) Bevölkerung vertrieben wird.

1960/61 Mit einem Putsch setzt das Militär den zunehmend autokratisch regierenden Menderes ab, 1961 wird er zum Tode verurteilt. Im gleichen Jahr übergibt das Militär die Regierung wieder an zivile Parteien. Künftig versteht es sich jedoch als eigentlicher Schützer des Kemalismus.

1973 Die Bosporusbrücke Boğaziçi Köprüsü, die erste Verbindung zwischen Europa und Asien, wird eröffnet.

1985 Die UNESCO ernennt die Altstadt Istanbuls zum Weltkulturerbe.

ab 1987 Die Türkei stellt einen offiziellen Antrag auf Vollmitgliedschaft in der EG. Die Staats- und Regierungschefs der EU nehmen die Türkei 1999 in die Riege der Beitrittskandidaten auf. Allerdings machen sie eine Entscheidung für den Verhandlungsbeginn von der strikten Einhaltung der sog. Kopenhagen-Kriterien abhängig, die den Schutz von Minderheiten und eine demokratische und rechtsstaatliche Ordnung fordern.

2002 Die konservativ-islamische Partei AKP unter Recep Tayyip Erdoğan erringt bei den Parlamentswahlen

Orhan Pamuk, Nobelpreisträger 2006, und sein Istanbul

die absolute Mehrheit. Ihr vorrangiges Ziel ist der Beitritt der Türkei zur EU. Um ihn zu ermöglichen, stärkt sie u. a. die Menschenrechte, weitet die Pressefreiheit aus und drängt den Einfluss des mächtigen Militärs zurück. Konterkariert werden diese Maßnahmen durch einen Paragraphen des Strafgesetzbuches, der die Herabwürdigung des Türkentums und der türkischen Republik unter Strafe stellt. Rechtsgerichtete Staatsanwälte und Gerichte wenden ihn aggressiv an. Zu den auf seiner Grundlage Angeklagten gehört auch der aus Istanbul stammende Literaturnobelpreisträger von 2006, Orhan Pamuk, dessen Verfahren jedoch eingestellt wird. Erst 2008 erfährt das Gesetz eine Abmilderung.

2006 EU und Türkei beginnen die erste Verhandlungsrunde über den Beitritt. Der Ausgang ist ungewiss, die Gespräche werden mindestens bis 2020 dauern. – Papst Benedikt XVI. bereist die Türkei. In Istanbul besucht er als erstes Oberhaupt der römisch-katholischen Kirche die Sultan-Ahmet-Moschee oder Blaue Moschee.

2007 Im Rahmen des Marmaray-Projektes zur Stadtentwicklung beginnt die Konstruktion des in 56 m Tiefe unter dem Bosporus verlaufenden Schienenverkehrstunnels zwischen Sultanahmet und Kadıköy.

2010 Als Europäische Kulturhauptstadt lockt Istanbul mit jüngst restaurierten Sehenswürdigkeiten und attraktiven Kunstprojekten.

2011 Nach 16 Jahren wird das Baugerüst in der Hagia Sophia entfernt. Der Blick auf die atemberaubende Kuppel der Moschee ist dadurch wieder frei.

Marmaray-Projekt – Tunnel von Asien nach Europa

Unterwegs

Die Altstadt – Sarayburnu und Sultanahmet, am Nabel zweier Weltreiche

Jedes Fleckchen Erde in der Istanbuler Altstadt auf der **Halbinsel** zwischen Goldenem Horn, Bosporus und Marmarameer zeugt von der ruhmreichen Vergangenheit der Metropole. Zu Recht zählt das Viertel zwischen dem Bosporusufer mit der ›Serailspitze‹ *Sarayburnu* und dem Platz *Sultanahmet*, benannt nach der gleichnamigen Moschee, dank seiner bedeutenden Monumente aus Antike, Christentum und Islam seit 1985 zum **UNESCO Weltkulturerbe**. Die Erfolgsgeschichte begann im 7. Jh. v. Chr., als der sagenhafte *Byzas* aus dem griechischen *Megara* auf den **sieben Hügeln** der heutigen Altstadt eine neue Siedlung namens Byzantion gründete. Kaiser Konstantin machte die Byzantium genannte Kolonie im Jahr 330 n. Chr. zur Hauptstadt des **Römischen Imperiums**. Nach seinem Tod wurde sie ihm zu Ehren in Konstantinopel umbenannt. Mit der Eroberung durch *Sultan Mehmed II. Fatih* 1453 avancierte die Stadt am Bosporus zur Kapitale des **Osmanischen Reiches**. Spuren dieser fast 3000-jährigen Geschichte finden sich an jeder Straßenecke und mit Bauten wie der im 6. Jh. unter Kaiser Justinian I. erweiterten **Yerebatan-Zisterne** sogar im Untergrund. Ein wahres Schatzhaus mit Zeugnissen der klassischen und orientalischen Antike ist das **Archäologische Museum**, aus dessen zahlreichen Prunkstücken der *Alexandersarkophag* herausragt.

Es sind aber vor allem drei Bauwerke, die den Weltruhm dieses ältesten Teils von Istanbul begründet haben und bis heute nähren. Der **Topkapı-Palast**, die Sultansresidenz mit Prunk- und Verwaltungsbauten, dem sagenumwobenen Harem und der Schatzkammer, kündet heute als größtes Museum der Stadt von ihrer einzigartigen Politik- und Kulturgeschichte. Ein weiterer Besuchermagnet ist die nahe **Hagia Sophia**. Im 6. Jh. als größte Kirche der Christenheit erbaut und bis heute Wahrzeichen der Stadt, birgt sie unter ihrer gewaltigen *Zentralkuppel* kostbare *Mosaiken* mit Szenen aus der Bibel. Dieses Wunderwerk byzantini-

Topkapı-Palast mit Küchentrakt, Schatzkammer (v.l.r.), Kubbealtı und Harem (h.l.r.)

scher Kunst und Architektur, 1453 in eine Moschee umgewandelt, schlug auch die Baumeister der Sultane in ihren Bann und avancierte zum allein gültigen Vorbild für die osmanische Sakralarchitektur, den vielfach überkuppelten Zentralbau. Wiederum in Sichtweite steht die dritte Berühmtheit und würdige Zeugin dieser Stilgeschichte, die kuppelreiche **Sultan-Ahmet-Moschee** mit ihren sechs weithin sichtbaren *Minaretten*. Der verschwenderischen Ausstattung mit blaugrundigen Iznik-Fliesen verdankt sie die in Europa weit verbreitete Bezeichnung als *Blaue Moschee*.

Nahebei zeugt das **Mosaikmuseum** mit seinen herrlichen Fußbodenmosaiken – den einzigen Relikten des Großen Palastes der byzantinischen Kaiser – von der glanzvollen frühchristlichen Epoche Istanbuls. Der benachbarte, lang gestreckte Platz **At Meydanı** markiert das Gelände des antiken **Hippodroms**, in dem einst bis zu 100 000 begeisterte Zuschauer Wagenrennen verfolgen konnten. Zwei *Obelisken* und eine bronzene *Schlangensäule*, die die Mittelachse der römischen Rennbahn schmückten, erheben sich noch immer im Zentrum des At Meydanı. An dessen Längsseite beherbergt der *Ibrahim-Paşa-Palast* heute das **Museum für Türkische und Islamische Kunst** mit einer herrlichen Teppichsammlung. Ein Spaziergang durch das Viertel **Sultanahmet**, das sich vom ersten Hügel bis zu den Ufern des Bosporus und des Marmarameeres hinabzieht, rundet die Besichtigung der Altstadt ab. Die kopfsteingepflasterten Gassen, die größtenteils von malerischen Holzhäusern gesäumt werden, führen zu weiteren Sehenswürdigkeiten wie der **Sokullu-Mehmed-Paşa-Moschee** vom berühmten Baumeister *Sinan* oder der byzantinischen Sergios-und-Bacchos-Kirche, die nach ihrer Umwandlung zur **Küçük-Ayasofya-Moschee** wegen ihrer Kuppellandschaft ›Kleine Hagia Sophia‹ genannt wurde.

Topkapı Sarayı
Topkapı-Palast

Die einstige Residenz der osmanischen Sultane ist ein prächtiger Palastkomplex mit Schatzkammer, Harem und Prinzenpavillons.

Babıhümayun Caddesi, Sultanahmet
Tel. 02 12/512 04 80
www.topkapisarayi.gov.tr
Palast und Harem: Mi–Mo 9–17 Uhr
Für den Besuch des Palastes und Harems müssen jeweils separate Tickets gelöst werden
Straßenbahn: Gülhane oder Sultanahmet

Der Topkapı Sarayı erstreckt sich an der Spitze der von *Goldenem Horn*, *Bosporus* und *Marmarameer* umspülten Halbinsel der Istanbuler Altstadt. Rund 400 Jahre lang war der Palast Regierungssitz und Residenz der osmanischen Sultane. Seit 1924 ist er als *Museum* öffentlich zugänglich. Besonders sehenswert sind der Harem mit prachtvoll ausgestatteten Privatgemächern und Salons sowie die Schatzkammer mit bedeutenden Exponaten vom Topkapı-Dolch bis zu den Barthaaren des Propheten.

Die Palastanlage hatte ihren Ursprung im **Verwaltungssitz** *Sultan Mehmeds II.* *Fatih* (1432–1481). Der Eroberer Konstantinopels wählte 1468 die antike Akropolis als Standort für den Neubau. Das namengebende *Kanonentor* (Topkapı) nahe einer Kanonengießerei wurde in die Anlage integriert, ist aber nicht erhalten. Seinen Wohnpalast ließ Mehmed II. übrigens nicht hier, sondern auf dem Gelände der heutigen Universität weiter westlich errichten. Erst *Sultan Süleyman I. der Prächtige* (um 1494–1566) baute den Topkapı Sarayı ab 1520 zur **Residenz** aus. 1541 wurde auch der Harem von dem nun *Eski Sarayı* genannten alten Wohnpalast hierher verlegt. Von da ab wohnten alle Sultane im Topkapı Sarayı und ließen das Areal immer wieder umbauen und erweitern. So entstand ein verschachtelter, vielgestaltiger Komplex mit *vier Innenhöfen*. Anfänglich waren alle Gebäude aus Holz. Erst nach zwei Großbränden in den Jahren 1574 und 1665 begann man mit der Errichtung von Steinbauten. Mitte des 19. Jh. schließlich schien die Residenz nicht mehr zeitgemäß: *Sultan Abdülmecid I.* (1823–1861) siedelte 1855 in den brandneuen Dolmabahçe-Palast [s. S. 104] am Westufer des Bosporus über. Nun wurde der Topkapı Sarayı selbst zum Eski Sarayı, zum Alten Palast.

Das etwa 70 ha umfassende Palastareal reicht von der Anhöhe des ersten

An der Schwelle zum Reich des Sultans – das Tor Bab-üs Selam des Topkapı-Palastes

Altstadt-Hügels bis hinunter zum Ufer des Bosporus, das hier **Sarayburnu**, Serailspitze, genannt wird. Der Sultanspalast (*Serail*) umfasste einem äußeren, öffentlich zugänglichen Bereich (*Birun*) mit Wirtschaftsgebäuden um einen ersten Hof sowie den inneren, abgeschirmten und durch Mauern gesicherten Regierungs- und Wohnbezirk (*Enderun*) mit drei Höfen. Den ersten Hof des Palastes erreicht man auf zwei Wegen: Entweder vom nordwestlich gelegenen Gülhane-Park über einen leicht ansteigenden *Fußweg*, der am Archäologischen Museum vorbeiführt. Oder von Süden her, vorbei am eleganten **Brunnen Sultan Ahmets III.**, ein 1728 errichtetes und nach seinem Stifter benanntes Brunnenhaus mit graziös geschwungenem Dach aus der Stilepoche des *Osmanischen Barock*.

Erster Hof

Nur wenige Meter hinter dem Brunnen gewährt das marmorne Haupttor **Bab-ı Hümayun** Einlass in den Ersten Hof. Das ›Reichstor‹ mit seinem gewiss 6 m hohen Portal wurde 1478/79 unter Mehmed II. erbaut. Im Hof, heute ein Park mit hohen Bäumen, befanden sich einst Hospital, Münze und Bäckerei sowie Werkstätten, Lagerräume und Unterkünfte für Bedienstete. Die Gebäude waren größtenteils aus Holz und fielen im Laufe der Zeit Bränden zum Opfer. Der Hof selbst diente auch als Übungs- und Paradeplatz der im Palast stationierten **Janitscharen**, der Eliteeinheit des osmanischen Heeres, aus der auch die Leibwache des Sultans rekrutiert wurde.

In der südwestlichen Hofecke steht die frühchristliche **Aya Irini** (griech. Hagia Eirene, meist geschl.). Die ›Kirche des himmlischen Friedens‹ entstand im 4. Jh. unter Kaiser Konstantin dem Großen und war vor der Weihe der ersten Hagia Sophia im Jahre 360 die **Kathedrale** von Konstantinopel. Zweimal musste der Bau nach Zerstörungen erneuert werden, nach dem Nika-Aufstand 532 und nach dem Erdbeben von 740. Bei Errichtung des Topkapı Sarayı wurde die Hagia Eirene in das Palastareal integriert und diente den Janitscharen als Waffenlager. Die Kuppelbasilika, eine Kombination aus überkuppeltem Zentralbau und dreischiffigem Langhaus, präsentiert sich heute außen wie innen mit unverputztem Ziegelmauerwerk. Als einziger Schmuck im etwas düsteren *Inneren* blieb in der Apsis ein mosaiziertes Kreuz aus dem 8. Jh. er-

Der altehrwürdige Chor der Kirche Aya Irini ist heute Bühne für klassische Konzerte

halten. Wer die Gelegenheit dazu hat, sollte unbedingt eines der hier hin und wieder stattfindenden Konzerte besuchen. Im Juni und Juli ist die Aya Irini zudem einer der Austragungsorte des *International Istanbul Music Festival* (www.iksv.org/muzik).

Zweiter Hof

Einziger Zugang zum inneren Bezirk des Topkapı-Palastes ist das 1524 unter Sultan Süleyman I. dem Prächtigen errichtete **Bab-üs Selam** [1], das zinnengekrönte und von zwei achteckigen Wachtürmen flankierte *Tor des Friedens* (auch Tor der Begrüßung). Dahinter öffnet sich der von Zypressen und Platanen beschattete Zweite Hof, der mit 160 x 130 m größte der Anlage. Links geht es leicht abwärts zu den Unterkünften der Palastgarde und dem noch etwas tiefer gelegenen *Marstall*, der heute Raum für Wechselausstellungen bietet. Die rechte Hofseite wird vom **Mutfaklar** [2] eingenommen, dem 1574 von Sinan erbauten Küchentrakt mit seiner Phalanx adretter Kuppeln und Schornsteine. In Spitzenzeiten waren in den Sälen über 1000 Köche mit der Zubereitung der erlesensten Speisen für den

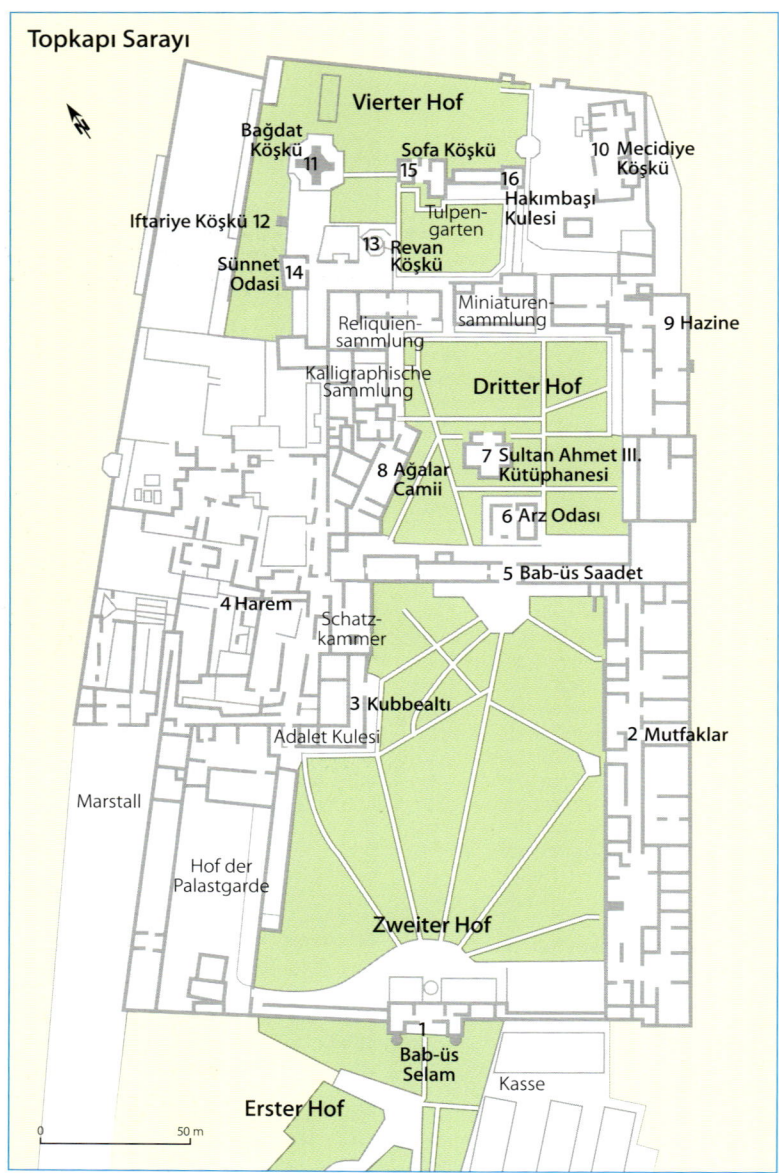

Topkapı Sarayı

Vierter Hof

Bağdat Köşkü **11**

Sofa Köşkü **15**

10 Mecidiye Köşkü

16 Hakımbaşı Kulesi

Iftariye Köşkü **12**

Tulpen-garten

13 Revan Köşkü

Sünnet Odası **14**

Miniaturen-sammlung

9 Hazine

Reliquien-sammlung

Kalligraphische Sammlung

Dritter Hof

7 Sultan Ahmet III. Kütüphanesi

8 Ağalar Camii

6 Arz Odası

5 Bab-üs Saadet

4 Harem

Schatz-kammer

3 Kubbealtı

Adalet Kulesi

2 Mutfaklar

Marstall

Hof der Palastgarde

Zweiter Hof

1 Bab-üs Selam

Kasse

Erster Hof

0   50 m

Hofstaat beschäftigt. Heute kann der Besucher hier die umfangreiche und kostbare *Porzellansammlung* der Sultane bewundern, darunter zauberhafte altchinesische Keramik.

Gegenüber erhebt sich der 41,5 m hohe *Adalet Kulesi*, der Turm der Gerechtigkeit aus dem 16. Jh., mit seiner spitzen Turmhaube. Zu seinen Füßen erstreckt sich der unter Süleyman I. dem Präch-

tigen errichtete **Kubbealtı** [3] (*Unter der Kuppel*). Dieser dreikuppelige, etwas in den Hof ragende Pavillon ist außen wie innen aufwendig mit vergoldeten Ziergittern, ornamentalen Malereien und Kalligraphien geschmückt. Hier tagte der *Divan*, der unter der Leitung des Großwesirs abgehaltene Oberste Rat des Osmanischen Reiches. Über dem Thron des Großwesirs sieht man ein Wandgitter.

Regieren hinter goldenen Gittern – Großwesir und Oberster Rat tagten einst im Kubbealtı

Dahinter liegt eine *Loge* des Harems, von der aus der Sultan unbemerkt den Beratungen beiwohnen konnte. Die ›Lauschangriffe‹ waren wohl Symptom herrscherlichen Misstrauens, aber auch Teil jener Aura der Unsichtbarkeit und des Schweigens, welche sich die Sultane späterer Zeiten zur Überhöhung ihrer Würde zugelegt hatten.

Rechts neben dem Sitzungssaal geht es durch den *Audienzsaal* für ausländische Gesandte und Würdenträger in die *Schatzkammer*, in der heute historische Waffen ausgestellt sind.

Harem [4]

Links vom Kubbealtı liegt der Eingang zum Harem. Er wurde 1541 eingerichtet und im Laufe der Zeit zu einem labyrinthartig verwinkelten Komplex von 6720 m² ausgebaut. Auf zwei Stockwerken sind 259 Räume und acht Hamams um mehrere Innenhöfe gruppiert. 1855 zog der Harem zusammen mit dem Hofstaat in den neuen Dolmabahçe-Palast. Nachdem die Jungtürken *Sultan Abdülhamid II.* (reg. 1876–1909) zugunsten seines Bruders Mehmed V. (reg. 1909–18) zur Abdankung gezwungen hatten, wurde der Harem als Institution aufgelöst.

Der Rundgang durch die Privatgemächer führt zunächst vorbei an den winzigen Wohnräumen der aus Afrika stammenden *schwarzen Eunuchen*. Seit Ende des 16. Jh. bildeten sie die oberste Garde der Palastdiener und aus ihren Reihen wurde auch der oberste Eunuch des Ha-

rems, **Kislar Ağa** (Hauptmann der Mädchen), ausgewählt, einer der wichtigsten Höflinge und Bürokraten des Sultans.

Durch labyrinthartige Gänge gelangt man nun zu den Gemächern der *Valide Sultan*, der Sultansmutter und einflussreichsten Frau des Osmanischen Reiches. Ihre Wohn- und Empfangsräume sind prächtig mit Fayencen geschmückt. Nebenan liegt das marmorverkleidete und

Kacheln als Fenster zum Garten Eden – Sultan Ahmets III. Früchtezimmer im Harem

vergoldete *Hamam* des **Sultans**. Der Herrscher badete aus Sicherheitsgründen hinter einem massiven Eisengitter. Die angrenzenden *Privatgemächer*, darunter das goldverzierte Schlafgemach *Sultan Abdülhamids I.* (reg. 1774–89), gehören zu den prächtigsten Räumen des Topkapı-Palastes. Von imposanter Größe ist der vermutlich unter *Sultan Mehmed IV.* (reg. 1648–87) entstandene **Hünkar Sofası**. In dem mit edlen Fliesen ausgekleideten und von einer Holzkuppel überwölbten *Thron- und Festsaal* lagerte der Herrscher im Schatten eines Baldachins und ließ sich mit Musik und Tanz unterhalten.

Anschließend gilt es den *Salon Murads III.* (reg. 1574–95) zu bewundern, seine bezaubernden Fliesen und intarsiengeschmückten Türen, überfangen von einer Kuppel nach Plänen Sinans. Von unvergleichlichem Liebreiz ist das **Yemiş Odası**, das Früchtezimmer *Ahmets III.* (reg. 1703–30). Es ist bis zur kassettierten Holzdecke hinauf mit Kacheln voller Früchte- und Blumenstillleben verziert.

Schließlich erreicht man den gegen Ende des 16. Jh. entstandenen Doppelpavillon **Çifte Köşk**. Seine beiden Räume sind überkuppelt und mit blau-weißen Kacheln ausgekleidet. Die Wandschränke tragen zierliche Einlegearbeiten aus Perlmutt. Durch die in Blumenform gestalteten Buntglasfenster dringt gedämpftes Licht und in der Mitte plätschert Wasser in zierliche Brunnenbecken. Aufgrund seiner opulenten Ausstattung wurde der Çifte Köşk lange für jenen *Prinzentrakt* gehalten, in dem die Söhne des Sultans unter strenger Aufsicht wie in einem ›Goldenen Käfig‹ aufwuchsen. Heute ist die Zuweisung umstritten, der Prinzentrakt wird nun eher im ersten Geschoss über den Räumen der Valide Sultan vermutet. Gleichviel, wie aber kam es dazu, dass der Harem den Prinzen zu einem Gefängnis geriet? Ihr Leben war durch *Thronstreitigkeiten* ständig gefährdet und daher mussten sie bis ins Erwachsenenalter in dieser Abgeschiedenheit verharren. Manche von ihnen blieben sogar ihr Leben lang eingesperrt.

Dritter Hof

Am Ende des Rundgangs durch den Harem gelangt man automatisch in den dritten Hof. Der eigentliche Zugang vom Zweiten in den Dritten Hof aber ist das **Bab-üs Saadet** [5], das *Tor der Glückseligkeit*. Es entstand im 16. Jh. unter Süley-

Harem – von Sinnlichkeit und strenger Ordnung

Als der Harem des osmanischen Herrschers 1909 von den Jungtürken im Rahmen der Entmachtung des Sultanats aufgelöst wurde, stand sein *Mythos* in Europa noch immer in Blüte. Dieser wurzelte in der *Orientbegeisterung* des Westens, einer Modeerscheinung des 18./19. Jh. Den Harem stellte man sich als Ort der Sinnlichkeit und Dekadenz vor, wo der mächtige Herrscher sich von verführerisch entschleierten Sklavinnen verwöhnen ließ. Für zusätzliche Spannung sorgte der Umstand, dass unter den Liebesdienerinnen schon mal eine verschleppte Edeldame war, die ein gleichfalls blaublütiger Held zu befreien suchte, so geschildert in der Oper ›Die Entführung aus dem Serail‹ (1782) von *Wolfgang Amadeus Mozart*. So manchem Maler bot der **Orientalismus** eine willkommene Gelegenheit, weibliche Schönheit und Erotik unverhüllt zu feiern. Kaum ein Künstler tat dies mit mehr Raffinesse als *Jean Auguste Dominique Ingres*. Insbesondere sein berühmtes Akt-Tableau ›Das Türkische Bad‹ (1863, Louvre, Paris) fasziniert als geheimnisvoll-antikisches Getümmel sich räkelnder Haremsdamen.

Blickt man aus dieser romantisierenden Gegenwelt auf die wahre Geschichte des **Harems** (arab. haram – verboten, tabu), so gewahrt man eine streng bewachte und unter strenger Etikette beherrschte Lebenswelt, die in ihrer Abgeschiedenheit mehr einem Kloster zu ähneln schien als einem Liebesnest (Leslie Pierce, 1996). Er war in erster Linie der Schutzbereich für die Frauen, das öffentliche Leben spielte sich im Männerbereich ab, dem Wirkungskreis von Sultan Großwesir und Beamtenstab. Übrigens gab es die Trennung in *Haremlık* und *Selamlık* (Frauen- und Männerbereich) in jedem osmanischen Haus, wenn auch nicht in solcher Größenordnung wie hier: Seit der Zeit *Süleymans I. des Prächtigen* (reg. 1520–66) war der Harem Wohnsitz für etwa 500 Frauen, deren Kinder und für den **Sultan**. Außer ihm hatte kein erwachsener Mann hier Zutritt.

Dass sich der Herrscher im Harem verbarg, war nicht nur in der Angst vor Attentaten begründet. Ihn umgab eine Aura der Unzugänglichkeit und des Schweigens, Inbegriff seiner Macht und sakralen Würde. Auch sein Verhältnis zu Frauen war streng geregelt. Laut *Koran* (Sure 4, Vers 3) stand es ihm zu, vier **Hauptfrauen** (*Kadın*) zu heiraten. Außereheliche Beziehungen waren nur zu Sklavinnen aus eigenem Besitz erlaubt. Ehefrauen und Konkubinen wählte ihm seine Mutter aus, die **Valide Sultan**. Sie stand an der Spitze der Haremshierarchie und war sogar in Regierungsfragen weisungsbefugt.

Die **Sklavinnen** des Harems kamen häufig aus eroberten Gebieten und waren andersgläubig, die Versklavung von Musliminnen war verboten. Die meisten arbeiteten als *Dienerinnen*, doch ausgewählte Damen erlernten das Hofzeremoniell und übten sich zur Erbauung des Monarchen im Tanzen, Singen und Musizieren. Wer zur **Lieblingskonkubine** (*Ikbal, Odaliske*) avancierte, erhielt eigene Gemächer und eigene Dienerschaft.

Mehrehe und Konkubinat dienten jedoch nicht der Liebessehnsucht oder dem Lustgewinn, sondern der Sicherung der **Nachkommenschaft**. Gebar eine Konkubine einen Sohn, stieg sie zur **Haseki Sultan** auf. Die sexuelle Beziehung zum Sultan war damit allerdings beendet, und sie verließ den Harem, um ihren Sohn im Alten Palast oder in der Provinz aufzuziehen. Kam eine Tochter zur Welt, konnte die Odaliske bleiben, bis ihr ›Stammhalter‹ geboren wurde.

Die **Kinder** der Konkubinen waren denen aus ehelichen Verbindungen gleichgestellt, und alle Söhne des Sultans galten als mögliche Thronerben. Das Leben der Prinzen war aufgrund von **Thronstreitigkeiten** vielfach bedroht. So ließ *Nurbanu* (1525–1583) von den fünf Söhnen ihres Gatten Selim II. vier töten, um ihren Sohn *Murad III.* (1546–1595) zum Sultan zu machen. *Sultan Selim I.* (1470–1520) ebnete seinem Lieblingssohn *Süleyman I. dem Prächtigen* (um 1494–1566) den Weg, indem er seine anderen vier Söhne, aber auch seine eigenen Brüder und deren Söhne umbringen ließ.

Das Ermorden der Konkurrenz hatte mit *Sultan Ahmet I.* (1590–1617) ein Ende. Er sperrte seinen Bruder Mustafa 14 Jahre im Harem ein. Fortan führten unzählige junge Prinzen ein **Käfig-Leben** (*Kafes Hayatı*) hinter den Palastmauern. Als Sultane waren sie meist untauglich und überließen die Staatsgeschäfte der Valide Sultan oder dem Großwesir. Die damit einhergehende Erstarrung des Osmanischen Reiches war geradezu Nährboden für jene westeuropäischen Märchenfantasien der Folgezeit, in denen Sultan und Harem glanzvolle Rollen spielten.

Im Hünkar Sofası musizierten und tanzten Haremsdamen einst zur Erbauung des Sultans

Schöner Sitzen – Blümchen-Bank und putziger Sonnen-Hocker in der Schatzkammer

man I., wurde jedoch im 18. Jh. im Stil des europäischen Rokoko umgearbeitet, sodass es heute mit seinen vier schlanken Säulen und zwei Halbsäulen, dem hohen Vordach und den Ornamenten in Weiß, Gelb und Gold geradezu heiter wirkt. Unter dem Vordach fand die Thronbesteigung des Sultans statt. Sie war Teil der Inthronisationsfeierlichkeiten, zu denen auch das Schwertgürten in Eyüp [s. S. 85] gehörte. Zuseiten des Tores war einst die Palastschule ansässig, in der die *weißen Eunuchen*, die zweite Hofgarde, junge Männer, die mittels *Devşirme* (Knabenlese) aus allen Teilen des Reiches selektiert worden waren, zu Ingenieuren, Beamten und Bediensteten ausbildeten.

Mächtig und prächtig: Sultan Ahmet III. (reg. 1703–30) auf seinem kunstvollen Thron

Nach Durchschreiten des Bab-üs Saadet steht man vor dem **Arz Odası** [**6**], dem unter *Sultan Selim I.* (reg. 1512–20) errichteten *Thron- und Audienzsaal*. In dem frei stehenden Pavillon mit geschwungenem Dach und Säulenumgang empfing der Sultan ausländische Gesandte. Direkt dahinter erhebt sich die 1719 errichtete **Sultan Ahmet III. Kütüphanesi** [**7**], die Bibliothek Ahmet III.

Auf der linken Seite begrenzt die **Ağalar Camii** [**8**] den Hof. Die einstige *Moschee der Eunuchen*, die aufgrund ihrer Ausrichtung nach Mekka schräg auf dem Areal steht, besitzt einen Durchgang zu einem Flügel der Palastschule. Die beiden Bauten präsentieren heute eine wertvolle Koran- und Kalligraphiesammlung. Bedeutende Reliquien beherbergt die **Hazine** [**9**], die unter Beyazıt II. (reg. 1481–1512) entstandene *Schatzkammer* auf der rechten Seite des Hofes. Hier werden zwei Schwerter Mohammeds, eine Bronzeplatte mit seinem Fußabdruck sowie einige Haare vom Barte des Propheten gezeigt, die Sultan Selim I. nach Istanbul bringen ließ. Weitere Exponate mit religiösem Bezug sind ein Stück der Dachrinne der Kaaba in Mekka, der Stab des Moses sowie eine Knochenreliquie Johannes' des Täufers. Zu den Preziosen gehören der mit Elfenbein und Perlmutt verzierte *Thron Murads IV.* (reg. 1623–40) und der vor Juwelen funkelnde *Topkapı-Dolch*, den *Sultan Mahmud I.* im 18. Jh. für Schah Nadir von Persien anfertigen ließ. Glanzstück der Sammlung ist zweifellos der *Kaşıkçı Elması*, der 86-karätige herzförmige *Löffelmacher-Diamant*, der von 49 kleineren Brillanten umkränzt wird.

Vierter Hof

Zwei Durchgänge zwischen den *Quartieren des Schatzmeisters*, dem *Silahtar-Schatzhaus* mit weiteren Juwelen, Münzen und Manuskripten sowie dem *Verwaltungsgebäude des Palastmuseums* führen in den etwas tiefer gelegenen Vierten Hof, einen auf mehreren Terrassen angelegten Park. Er wird auch Tulpengarten genannt, denn während der *Lâle Devri*, der Tulpenzeit im frühen 18. Jh., befanden sich hier die berühmten Tulpenbeete *Sultan Ahmets III.* Das mit Pavillons und Kiosken versehene Areal war allein dem Sultan und seinen engsten Vertrauten vorbehalten. Zunächst geht es rechts zum **Mecidiye Köşkü** [**10**] aus dem 18. Jh., der heute das *Konyalı-Restaurant* beherbergt. Von der kleinen *Aussichtsterrasse*

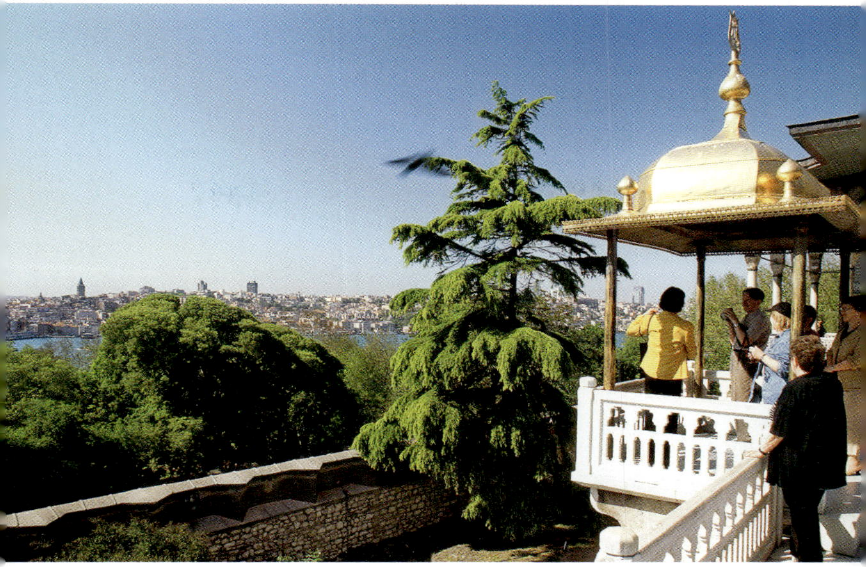

Sultans Idylle – Terrassen und Goldpavillons im Vierten Hof des Topkapı-Palastes

bietet sich ein schöner Blick über den Bosporus. Eine zweite, wesentlich größere Terrasse befindet sich auf der Westseite des Gartens. Von hier blickt man über das Goldene Horn auf den Galatahügel. Hier steht auch der oktogonale **Bağdat Köşkü** [11] mit Kuppeldach, den Sultan Murad IV. 1638 nach der Eroberung von Bagdad in Auftrag gab. An ihn schließt sich der kleine luftige **Iftariye Köşkü** [12] an, den Murads Bruder und Nachfolger *Sultan Ibrahim I. der Wahnsinnige* (reg. 1640–48) errichten ließ. Nach der Eroberung von Eriwan gab Murad IV. den mit monochromen Iznik-Fliesen geschmückten **Revan Köşkü** [13] in Auftrag. Noch prächtigere Fayencen zieren den **Sünnet Odasi** [14], den *Beschneidungspavillon der Prinzen* in der Südwestecke. Das Kachelbild rechts vom Eingang zeigt zwei Hirschkühe, ein seltenes Motiv angesichts der sonst üblichen ornamentalen und floralen Muster.

In der Mitte des Hofes schließlich erhebt sich der **Sofa Köşkü** [15] von 1704, der einzige erhaltene Holzbau des Topkapı-Palastes. Gleich daneben steht das älteste Gebäude der Anlage, der Chirurgenturm **Hakımbaşı Kulesi** [16] aus dem 15. Jh., in dem der Leibarzt des Sultans und der Hofapotheker residierten.

2 Arkeoloji Müzesi
Archäologisches Museum

TOP TIPP

Wertvolle Sarkophage aus den Nekropolen von Sidon und andere spannende Exponate zur Kulturgeschichte des Landes.

Osman Hamdi Bey Yokuşu, Gülhane
Tel. 02 12/527 27 00
www.istanbularkeoloji.gov.tr
Di–So 9–17 Uhr
Straßenbahn: Gülhane

Das Arkeoloji Müzesi mit seinen hochkarätigen Kollektionen liegt etwas versteckt zwischen Topkapı-Palast und Gülhane-Park und ist entweder über die *Alemdar Caddesi* oder über den Ersten Hof des Topkapı Sarayı zu erreichen. Der Komplex beherbergt drei Sammlungen: das *Museum für Klassische Altertümer* im dreiflügeligen Hauptbau, das *Museum für Altorientalische Kulturen* im Gebäude links vom Eingang sowie die *Fayencen-Sammlung* im Çinili Köşk.

Die bedeutendste Kollektion präsentiert das **Museum für Klassische Altertümer**. Ende des 19. Jh. initiierte der damalige Direktor *Osman Hamdi Bey* (1842–1910) einen repräsentativen Neubau für die bis dahin in der Hagia Eirene und im Çinili Köşk gelagerten Altertümer aus den anatolischen Provinzen. *Alexandre Vallaury* (1850–1921) schuf das 1891 eröffnete neoklassizistische Gebäude mit zwei von

Als Istanbul noch römisch war – edle Damen und lässige Götter im Archäologischen Museum

Dreiecksgiebeln bekrönten Portiken. Die beiden Flügelbauten kamen 1902 und 1908 hinzu. In den 1990er-Jahren schließlich wurde ein sechsstöckiger Erweiterungsbau an die Rückseite des Hauptflügels angefügt. Die beiden Kellergeschosse des Neubaus dienen als Depot, die vier übrigen Etagen bieten zusätzliche Ausstellungsfläche.

Wer das Museum durch den hinteren Portikus betritt, kann den Rundgang gleich mit den Highlights beginnen. Linker Hand befinden sich die Räume mit den wertvollen Funden aus *Sidon*, einer alten phönizischen Hafenstadt im heutigen Libanon, die 332 v. Chr. von Alexander dem Großen erobert wurde. Glanzstück ist der sog. **Alexandersarkophag**, ein griechisches Meisterwerk aus dem letzten Viertel des 4. Jh. v. Chr. Der Name führt jedoch in die Irre, denn der prächtige Steinsarg in Form eines Tempels wurde nicht für Alexander den Großen, sondern vermutlich für den König von Sidon, *Abdalonymos*, gefertigt. Zur Namensgebung kam es aufgrund des Bildschmucks. Die Reliefplatten zeigen den großen Feldherrn Alexander bei der Jagd und in der Schlacht gegen die Perser bei Issos. Die im Hochrelief gestalteten Szenen bestechen durch ihre qualitätvolle und äußerst bewegte Darstellung. Aufgrund von Farbspuren konnte ihre ursprüngliche farbenfrohe Bemalung rekonstruiert werden, wie die beigestellten bemalten Abgüsse verdeutlichen. Ein weiteres interessantes Monument ist der **Klagefrauen-Sarkophag**, das Grabmal für den 360 v. Chr. getöteten König *Straton* von Sidon. Der Steinsarg vom Typus des Säulensarkophags zeigt trauernde Frauen in einer Tempelarchitektur. Ergreifend sind ihre melancholischen Posen, die verschiedene Phasen der Trauer vergegenwärtigen.

Die beiden Sarkophage wurden von Osman Hamdi Bey entdeckt, der im Jahr 1887 die ersten *Ausgrabungen* in Sidon leitete. Dem Museumsdirektor, Archäologen und Maler Bey [s. S. 92] ist eine kleine Ausstellung im Trakt zwischen den beiden Portiken gewidmet.

Den vorderen Portikus bewacht eine rund 4 m hohe Statue des altägyptischen Gottes *Bes*, der auch in die griechische und römische Mythologie übernommen wurde. Die römische Kopie nach einem griechischen Original aus archaischer Zeit hält ein Opfertier an den Hinterläufen, dessen separat gearbeiteter Kopf allerdings nicht erhalten ist.

Die Säle im anschließenden **rechten Flügel** beleuchten mittels Skulpturen, Reliefs und Grabstelen die Entwicklung der Bildhauerkunst von griechisch-archaischer Zeit bis zur römischen Kaiserzeit. Hervorzuheben sind die Statue *Alexander des Großen* aus dem 3. Jh. v. Chr., die, wie die Inschrift verrät, vom Bildhauer Menas aus Pergamon stammt, sowie der

Marsyas, eine römische Kopie nach hellenistischem Vorbild. Die Sammlung *römischer Kaiserporträts* präsentiert Bildnisse u. a. von Augustus und Marc Aurel.

Im rückwärtigen Erdgeschoss ist ein **Kindermuseum** ansässig, das als eines der Highlights einen Nachbau des Trojanischen Pferdes zeigt. Im ersten Stock schlägt die Ausstellung *Istanbul im Wandel der Zeit* einen Bogen von der Frühgeschichte der Stadt bis zum heute im Bau befindlichen Marmaray-Tunnel. Unter den Exponaten sind eindrucksvolle Architekturfragmente und Skulpturen, ein Kopffragment der *Schlangensäule* [s. S. 48] vom Hippodrom sowie einige Glieder der *Eisenkette*, die einst die Hafeneinfahrt am Goldenen Horn sicherte. Die Ausstellungen im zweiten und dritten Stock heißen *Anatolien und Troja im Wandel der Zeit* sowie *Nachbarkulturen in Zypern, Syrien und Palästina*.

Gleich am Eingang zum Museumsgarten, der mit antiken Spolien geschmückt ist, steht das Gebäude der 1883 von Osman Hamdi Bey initiierten *Kunstakademie des Osmanischen Reiches*. Seit 1935 ist hier das **Museum für Altorientalische Kulturen** ansässig. Zu Seiten der Freitreppe stimmen zwei übermannshohe hethitische *Basaltlöwen* (8. Jh. v. Chr.) auf den Besuch ein. Die Kollektion zeigt Kunst und Gebrauchsgegenstände der Hethiter (aus dem Gebiet der heutigen Türkei), der Sumerer, Babylonier und Assyrer (aus dem Gebiet des heutigen Irak) und der Ägypter aus der Zeit ab dem 4. Jt. v. Chr. Unter den Exponaten sind Werkzeuge,

Waffen, Schmuck, Statuen und Sarkophage. Kulturgeschichtlich wertvoll sind vor allem die **Keilschrifttafeln** im Obergeschoss, unter ihnen die Inschriften des *Vertrages von Kadeş*. Hierbei handelt es sich um den ersten schriftlich niedergelegten Friedensvertrag der Menschheit, den der ägyptische Pharao *Ramses II.* und der hethitische Herrscher *Hattusilis III.* im Jahr 1269 v. Chr. miteinander schlossen. Nicht minder bedeutend ist die in Fragmenten erhaltene *Gesetzessammlung von Hammurabi* (18. Jh. v. Chr.), die älteste erhaltene ihrer Art auf der Welt. Sehenswert sind ferner die mit Tierreliefs geschmückten Kacheln vom babylonischen *Ishtar-Tor* (6. Jh. v. Chr.), das als Gesamtrekonstruktion heute eines der Glanzstücke im Berliner Pergamonmuseum ist.

Der nahe **Çinili Köşk**, ein zweistöckiger Kachelpavillon, den Sultan Mehmed II. Fatih hier 1472 als Sommerpalast errichten ließ, ist der älteste osmanische Profanbau Istanbuls. Die zweigeschossigen Arkaden allerdings, die das strenge Äußere des Palastes ein wenig auflockern, entstanden erst nach einem Brand 1737. In den sechs hohen Räumen des Pavillons wird heute die *Fayencen-Sammlung* aus dem Topkapı Sarayı präsentiert, darunter qualitätvolle Stücke aus Iznik und Kütahya, den beiden großen osmanischen Keramikzentren. Besonders schön ist der aus der mittelanatolischen Stadt Karaman stammende blaue *Mihrab* (13. Jh.).

Nach Abschluss der Besichtigung lockt das **Museumscafé** im Garten zur genüsslichen Pause.

Stars der Antikensammlung sind Alexandersarkophag (vo.) und Klagefrauensarkophag (hi.)

Tulpen mal echt – der Gülhane Parkı unweit der blumengekachelten Paläste und Moscheen

3 Gülhane Parkı
Gülhane-Park

Hübsche Grünanlage zu Füßen des Topkapı-Palastes.

Alemdar Caddesi, Gülhane
Straßenbahn: Gülhane

Vom Archäologischen Museum sind es nur wenige Schritte bis zum Haupteingang des Gülhane Parkı (*Rosengarten*) beim **Soğuk Çeşme Kapısı**, dem *Tor des Kalten Brunnens*. Die größte innerstädtische Grünanlage erstreckt sich westlich

Sternentreiben im Technikmuseum – Himmelsglobus nach Erkenntnissen des 10. Jh.

des Topkapı Sarayı. Sultan Mehmed II. Fatih ließ den Park als Teil des Palastareals anlegen. Erst unter Sultan Mehmed V. (reg. 1909–18) wurde die Grünanlage öffentlich zugänglich gemacht, heute ist sie ein beliebter Ort zum Spazieren gehen und Picknicken. Besonders schön sitzt man auf der Terrasse des *Setüstü-Teehauses* mit Blick auf den Bosporus. Am Nordende des Parks erhebt sich die **Gotlar Sütünü**, die Gotensäule. Das 15 m hohe monolithische Monument mit korinthischem Kapitell stammt vermutlich aus dem 4. Jh. Laut Inschrift erinnert es an den Sieg des Oströmischen Reiches über die Goten.

An die Westmauer der Grünanlage grenzen die **Has Ahırlar**, die einstigen Stallungen des Topkapı-Palastes. Im Jahr 2008 wurde hier unter Mitwirkung der Frankfurter Goethe-Universität das **Islâm Bilim ve Teknoloji Tarihi Müzesi** (Tel. 0212/528 80 65, www.ibttm.org, Mi–Mo 9–16.30 Uhr), das *Museum für die Geschichte der Wissenschaft und Technik im Islam*, eröffnet. Ansprechend aufbereitet stellt es auf 3500 m² rund 140 Erfindungen und Entdeckungen muslimischer Forscher des 8.–16. Jh. aus Bereichen wie Astronomie, Mechanik, Optik, Medizin, Physik und Chemie vor.

Bab-ı Âli

Vom Haupteingang des Gülhane-Parks führt der **Soğukçeşme Sokak** in südöstlicher Richtung hügelan. Die malerische Gasse wird gesäumt von alten Holzhäusern, die heute unter dem Namen *Ayasofya Konakları* (www.ayasofyakonaklari.com) als Hotel fungieren. Wendet man sich stattdessen vom Parkeingang in nordwestlicher Richtung, gelangt man durch die *Alemdar Caddesi* zum **Bab-ı Âli**, der Hohen Pforte. Das Tor, im Zustand des 19. Jh. als Marmorbauwerk mit auffällig geschwungenem Dach erhalten, gehörte zum *Amtssitz des Großwesirs*, der seit Mitte des 17. Jh. von hier aus die Geschicke des Osmanischen Reiches lenkte. Der Name *Hohe Pforte* entwickelte sich in Folge zum Synonym für die osmanische Regierung. Heutzutage ist der Gebäudekomplex Sitz der Istanbuler Provinzverwaltung.

Gegenüber der Hohen Pforte, auf den Umfassungsmauern des Topkapı Sarayı, ließ *Sultan Mahmud II.* Anfang des 19. Jh. einen achteckigen Holzerker, den **Alay Köşkü**, errichten. Von diesem *Pavillon der Festumzüge* konnten die Sultane, ohne selbst gesehen zu werden, Paraden verfolgen und die Residenz des Großwesirs beobachten.

Antiker Superlativ: Die tempelschöne Yerebatan Sarnıcı diente als riesiger Wasserspeicher

4 Yerebatan Sarnıcı
Yerebatan-Zisterne

Die größte antike Zisterne Istanbuls birgt zwei in Stein gemeißelte Medusenhäupter.

Yerebatan Caddesi 13, Sultanahmet
Tel. 02 12/522 12 59
www.yerebatan.com
tgl. 9–17.30 Uhr

Ein kleiner rot-weiß gebänderter Kiosk an der Yerebatan Caddesi markiert den Zugang zur Zisterne, die auch **Yerebatan Sarayı**, versunkener Palast, genannt wird. Der Abstieg in die Unterwelt erklärt schnell, warum. Vom Eingang führen 52 Stufen abwärts. Unten erschließen eingezogene Holzstege den wohl größten historischen **Wasserspeicher** der Stadt. Das rund 140 x 70 m große Gewölbe wurde im 4. Jh. unter Kaiser Konstantin dem Großen konstruiert und ab 532 unter Kaiser Justinian I. erweitert. Damals hieß die Zisterne noch *Cisterna Basilica*, denn über ihr erhob sich eine heute nicht mehr erhaltene Kirche. Sie war Teil eines Kanal- und Zisternensystems, das aus den Quellen des bosporusaufwärts gelegenen Belgrader Waldes gespeist wurde und den Wasserbedarf des Großen Palastes der byzantinischen Kaiser deckte.

Stille Größe – die Hagia Sophia trägt die Würdezeichen von Christentum und Islam

Die Yerebatan-Zisterne war noch bis in osmanische Zeit in Betrieb. Ihr Kreuzgewölbe wird von **336 Marmorsäulen** getragen. Einige der bis zu 8 m hohen Stützen geben sich durch ihre schönen Akanthuskapitelle als römische Spolien zu erkennen. Um die unterschiedliche Höhe der wieder verwendeten Säulen auszugleichen, stellte man sie auf verschieden hohe Sockel. Beliebtestes Fotomotiv sind zwei riesige, in Stein gemeißelte **Medusenhäupter** in der Nordwestecke, eines auf dem Kopf stehend, eines auf der Seite liegend, die als Basen für zwei recht kurze Säulen dienen.

Maximal konnte die Zisterne 80 000 m³ Wasser fassen, doch heute beträgt der Pegelstand nur etwa 40 cm. Scheinwerfer tauchen den eleganten Säulenwald in sanftes orangefarbenes Licht, gedämpfte klassische Musik vom Band unterstreicht die surreale Stimmung und stellt die phänomenale Akustik unter Beweis. Sie macht auch die hier in unregelmäßigen Abständen stattfindenden *Konzerte* für klassische türkische Musik zu einem unvergesslichen Erlebnis.

Verkehrte Medusa – wiederverwendete Baudekorationen in der Yerebatan Sarnıcı

 5 ## Ayasofya Müzesi
Hagia Sophia

TOP TIPP *Die 1470 Jahre alte Grande Dame unter den Istanbuler Kuppelbauten birgt herrliche Mosaiken.*

Ayasofya Meydanı, Sultanahmet
Tel. 02 12/522 17 54
Di–So 9–17 Uhr
Wegen hohen Besucheraufkommens ist mit Wartezeiten beim Ticket-Kauf zu rechnen
Straßenbahn: Sultanahmet

Die rot getünchte Hagia Sophia mit ihrer mächtigen Kuppel ist das berühmteste *Wahrzeichen* Istanbuls. Einst war sie die größte **Kirche** der Christenheit und später als **Moschee** avancierte sie zum Symbol der islamischen Herrschaft am Bosporus. Seit dem Jahr 1934 öffnet sie als **Museum** ihre Pforten.

Geschichte Mit dem Bau eines ersten christlichen Gotteshauses an dieser Stelle

wurde wohl schon unter **Kaiser Konstantin dem Großen** begonnen. Die Weihe der *Megalo Ecclesia*, der Großen Kirche, erfolgte 360 unter Kaiser Constantius II. Nachdem der Holzbau 404 abgebrannt war, gab **Kaiser Theodosius II**. unverzüglich die Errichtung einer fünfschiffigen steinernen *Basilika* in Auftrag, die 416 geweiht wurde. Dieser Bau wiederum fiel dem großen Stadtbrand während des *Nika-Aufstandes* [s. S. 12] 532 zum Opfer. Nur wenige Wochen später legte **Kaiser Justinian I.** den Grundstein für den Neubau, die heutige Hagia Sophia, die *Kirche der Heiligen Weisheit*. In nur fünf Jahren (532–537) schufen die kleinasiatischen Baumeister *Anthemios von Tralles* und *Isidoros von Milet* ein gewaltiges Bauwerk, das 1000 Jahre lang, bis zum Neubau des Petersdomes in Rom, das größte Gotteshaus der Christenheit sein sollte.

Die Hagia Sophia folgt dem byzantinischen Typus der **Kuppelbasilika**, einer Verschmelzung von Zentralbau und Basilika, hier allerdings mit einer nur minimalen Betonung des Langhauses. Bahnbrechend und bis heute von einzigartiger Faszination ist vor allem die riesige, scheinbar schwerelos schwebende Kuppel. *Prokopios*, ein Historiker des 6. Jh., beschrieb das Phänomen so: »(Sie)… scheint gar nicht auf einem festen Unterbau aufzusitzen, sondern an goldener Kette herabhängend den Raum zu überdecken.« Doch mit der Statik gab es bald Probleme. Bereits 21 Jahre nach Fertigstellung brachen nach einem Erdbeben Teile der Kuppel ein. Daraufhin beauftragte Justinian *Isidoros d. J.*, den Neffen des Erbauers, mit der Wiederherstellung. Er verstärkte die äußeren Stützpfeiler und erhöhte die Kuppel um 6 m, um die horizontalen Schubkräfte zu verringern. Im Laufe der Zeit kamen weitere Stützpfeiler zur Absicherung hinzu.

Das *Innere* der Hagia Sophia wurde nach Ende des Bilderstreits [s. S. 13] in der 2. Hälfte des 9. Jh. großflächig mit goldgrundigen **Mosaikzyklen** ausgestattet. Doch nach der Eroberung Konstantinopels 1204 ließen die siegreichen Kreuzritter zahllose Mosaiken aus den Wänden brechen und als Beute heimführen. Auch Erdbeben fügten dem frühchristlichen Bau und seiner Ausstattung immer wieder Schäden zu. Ihre Erhaltung verdankt die Hagia Sophia letztlich dem osmanischen Eroberer der Stadt, *Sultan Mehmed II. Fatih*. Dieser hatte 1453 sein erstes *Freitagsgebet* in der Hagia Sophia gehalten und sie sogleich in eine **Moschee** umgewandelt. Er ließ den Sakralbau restaurieren, den Kuppelraum um eine Ge-

betsnische ergänzen und ein erstes Minarett errichten. Unter seinen Nachfolgern kamen bis ins 16. Jh. drei weitere *Minarette* hinzu. Die Mosaike aber wurden übertüncht und erst wieder freigelegt, als der Sakralbau 1934 zum Museum erklärt wurde.

Besichtigung Vorbei am 1740 errichteten *Reinigungsbrunnen* geht es zur Hagia Sophia. Zunächst betritt man den **Exonarthex** [1], die schmucklose äußere Vorhalle.

Hoch wie das Himmelszelt – Blick in die Kuppel, Emporen und Arkaden der Hagia Sophia

Marmorne Kugelvasen aus dem antiken Pergamon schmücken den Westteil der Hagia Sophia

Von hier führen fünf Bronzetüren in den **Esonarthex** [2], die innere Vorhalle, deren neun Türen ins Gotteshaus geleiten. Im Bogenfeld über der zentralen **Kaiserpforte** [3], die dem byzantinischen Herrscher vorbehalten war, erblickt man das Mosaik des thronenden *Christus Pantokrator* (Weltenherrscher), vor dem *Kaiser Leo VI.* (886–912) in Anbetung kniet. Die Medaillons zu Seiten zeigen Maria und den Erzengel Gabriel. Unweit der Kaiserpforte fallen zwei gewaltige marmorne *Kugelvasen* aus dem antiken Pergamon ins Auge, die *Sultan Murad III.* Ende des 16. Jh. aufstellen ließ.

Der überwältigend hohe und weite **Naos** [4], das Hauptschiff der einstigen byzantinischen Kirche, misst 75 x 70 m und wird von der himmelstürmenden **Kuppel** überfangen, welche im Licht der 40 Fenster an ihrer Basis erstrahlt. Auf vier mächtigen, 55 m hohen Pfeilern, die durch weite Bögen miteinander verbunden sind, ruht die 56 m hohe, leicht elliptische Kuppelschale (Durchmesser 32 m). Zwei Halbkuppeln auf Ost- und Westseite stützen das festliche Rund. *Arkaden* mit dunkelgrünen Säulen und die gleichfalls säulengeschmückten Emporen leiten zu den **Seitenschiffen** über.

In Kuppel und **Apsis** funkeln goldgrundige Mosaiken matt und doch verheißungsvoll. Die *Pendentifs*, die vier Kuppelzwickel, sind mit 11 m hohen *Seraphim*, jenen sechsflügeligen Engeln, geschmückt. Die beiden östlichen sind als Originalmosaiken erhalten, die beiden westlichen sind gemalte Rekonstrukti-

onen des 19. Jh. Aus dieser Zeit stammen auch die auf Höhe der Emporen angebrachten, mit Kamelleder überzogenen acht **Holztondi** von je 7,5 m Durchmesser. Sie tragen schönlinige Kalligraphien in Gold auf grünem Grund, welche Allah, Mohammed, die vier Kalifen Abu Bakr, Omar, Othman und Ali sowie dessen Söhne Hasan und Hussein preisen.

Aus der Zeit *Sultan Mehmeds II.* datiert der prächtige goldverzierte **Mihrab** [5] in der Apsis. Die Gebetsnische steht etwas schief im Raum, da sie exakt die Gebetsrichtung nach Mekka anzeigt. Unterhalb der Fensterzone verläuft ein dunkelblaues *Kachelband* (1607/08) mit der Kalligraphie eines Koranverses. Hoch oben in der Apsiskalotte thront die *Muttergottes* mit dem segnenden Christuskind auf dem Schoß, flankiert von den Erzengeln Gabriel und Michael. Das anrührende Mosaik ist ein Meisterwerk des späten 9. Jh. Links von der Apsis wurde im 19. Jh. die von schlanken Säulen getragene **Sultansloge** [6] (*Hünkar Mahfili*) installiert. Hinter kunstvoll ornamentierten Gittern konnte der Herrscher hier dem Gebet beiwohnen. Rechts von der Apsis ragt seit dem 16. Jh. der mit feinen Reliefs verzierte **Minbar** [7] (türk. *Mimber*) auf. Von der *Sänger- oder Vortragsloge* (16. Jh.) gegenüber rezitierte Vorleser aus dem Koran. Unweit der Loge weist der Fußboden Intarsien aus schwarzem Marmor sowie rotem und grünem Porphyr auf, die den **Omphalos** [8], den Nabel der Welt, markieren. An dieser Stelle fand die Krönung der byzantinischen Kaiser statt. Er-

Die Kaiser bringen Kirche und Stadt als Geschenke – Justinian I. und Konstantin der Große

wähnenswert ist ferner die 1739 unter *Sultan Mahmud I.* im rechten Seitenschiff eingerichtete **Hazine-i Kütüb** [9], eine Bibliothek samt Lesezimmer hinter kunstvoll geschmiedeten Gittern.

In der Nordwestecke des linken Seitenschiffes steht die **Schwitzende Säule** [10], auch *Weinende Säule* oder *Säule des hl. Georg* genannt. Tatsächlich fühlt sich der Marmor oberhalb der schützenden Bronzeplatten feucht an. Eine Legende besagt, dass in der Säule ein Engel gefangen sei, der zwar ob seines erzwungenen Aufenthalts bittere Tränen vergieße, andererseits aber auch die Wünsche all jener Menschen erfülle, die ihren rechten Daumen in ein Loch in der Säule steckten. Die Wand dahinter ist mit Mosaiken der drei

Patriarchen Ignatius von Konstantinopel, Johannes Chrysostomus und Ignatius Theophorus aus Antiochien geschmückt.

Nun geht es zurück durch den Esonarthex und hinauf auf die lichtdurchfluteten **Emporen**, deren Arkaden den Blick auf den majestätischen Kirchenraum freigeben. In byzantinischer Zeit waren die Emporen den Frauen bzw. im Westabschnitt der kaiserlichen Familie vorbehalten. Hier finden sich die schönsten Mosaiken der Hagia Sophia. Zunächst gewahrt man auf der **Südempore** [11] die im 13. Jh. entstandene *Deesis*, die Darstellung des Christus Pantokrator, begleitet von den Fürbittern Maria und Johannes dem Täufer. Obwohl nur fragmentarisch erhalten, begeistert das Werk durch die ausdrucks-

Südempore – die Muttergottes mit dem Kaiserpaar Johannes II. Komnenos und Irene (12. Jh.)

starke Mimik und Gestik seiner Protagonisten. Gegenüber markiert eine schlichte Marmorplatte das Grab des venezianischen *Dogen Enrico Dandolo* (1107–1205), der als 95-Jähriger die Eroberung Konstantinopels während des Vierten Kreuzzugs 1204 leitete.

Am Ostende der Empore begeistert ein Mosaik (11. Jh.), das *Kaiserin Zöe* mit ihrem dritten Gatten *Konstantin IX. Monomachos* neben dem thronenden Christus zeigt. Konstantin hält als Opfergabe einen prall gefüllten Geldbeutel in Händen. Das rechts anschließende Mosaik (12. Jh.) präsentiert die *Muttergottes* mit Jesuskind, flankiert von *Kaiser Johannes II. Komnenos,* seiner blonden Gattin *Irene* sowie, ums Eck, Kronprinz *Alexios.*

Die **Nordempore** [12] bewahrt ein Mosaik des 10. Jh. mit einem Bildnis *Kaiser Alexanders.* Vom Balkon am Ende der Empore hat man einen hervorragenden Blick auf das Marienmosaik der Apsis.

Und noch einmal geht es in den Esonarthex. Die hiesige *Porta Orea*, die Schöne Pforte, geleitet in den **Vorraum der Krieger** [13], wo einst die Wachen auf den Kaiser warteten. Nach dem Durchschreiten der Porta Orea wende man sich zurück, um das berühmte *Stiftermosaik* des 10. Jh. im Giebelfeld zu betrachten. Es zeigt die thronende Maria mit dem Christuskind. Rechts von ihr hält *Kaiser Konstantin der Große* ein Modell der Stadt, die er zur neuen Hauptstadt des Imperium Romanum kürte. Links präsentiert *Kaiser Justinian I.*, der den Neubau der Hagia Sophia initiierte, ein Modell seiner Kirche.

Südlich der Hagia Sophia stehen die Grabhäuser einiger Sultane: Das aus der Zeit Justinians stammende **Baptisterium** [14] links vom Ausgang, ein oktogonaler, überkuppelter Bau, wurde 1639 in ein Mausoleum umgewandelt und beherbergt die Sarkophage *Mustafas I.* (1592–1639) und *Ibrahims I.* (1615–1648). Im Garten erheben sich drei weitere Mausoleen: Die von Sinan entworfene und innen vollständig mit Iznik-Fliesen verkleidete *Türbe Selims II.* (1524–1574), die achteckige Grabstätte *Murads III.* (1546–1595), in der außer dem Sultan einige seiner 103 Kinder bestattet sind, und die ebenfalls oktogonale *Türbe Mehmeds III.* (1566–1603).

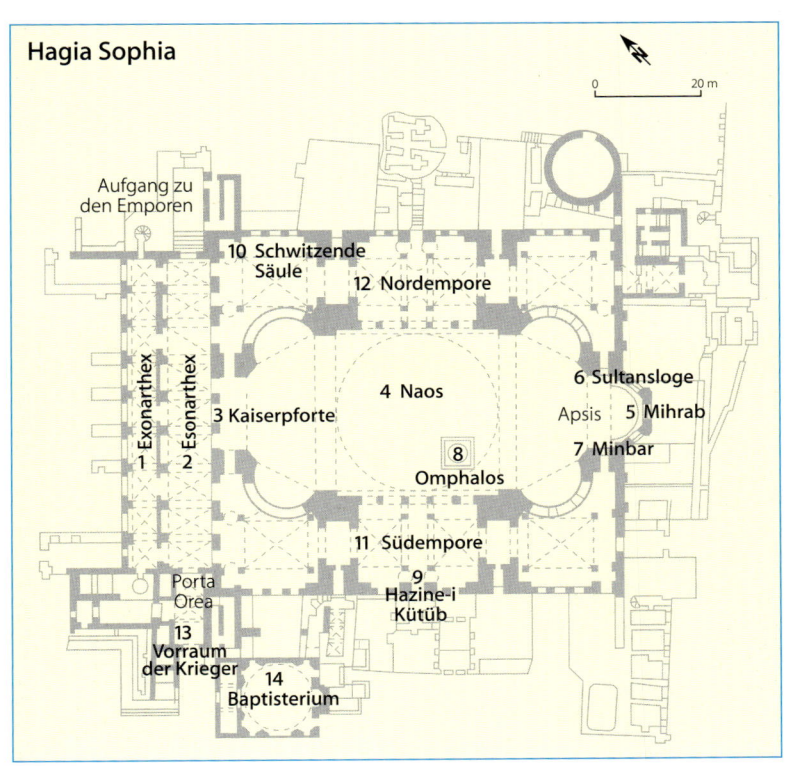

Hagia Sophia

0   20 m

Aufgang zu den Emporen

10 Schwitzende Säule

12 Nordempore

Exonarthex 1

Esonarthex 2

3 Kaiserpforte

4 Naos

8 Omphalos

6 Sultansloge

Apsis 5 Mihrab

7 Minbar

11 Südempore

9 Hazine-i Kütüb

Porta Orea

13 Vorraum der Krieger

14 Baptisterium

6 Haseki Hürrem Sultan Hamamı
Roxelane-Bad

Edle Teppiche in den Räumlichkeiten des einstigen Prunkbades.

Ayasofya Meydanı, Sultanahmet
Tel. 02 12/638 00 35
Mi–Mo 9–17 Uhr
Straßenbahn: Sultanahmet

Das im *Sultanahmet Parkı*, der Grünfläche zwischen Hagia Sophia und Sultan-Ah-met-Moschee, gelegene **Badehaus** konzipierte Hofbaumeister Sinan 1556/57 im Auftrag von *Roxelane*, der Hauptfrau Sultan Süleyman I. des Prächtigen. Sie hatte den eingeschossigen länglichen Bau für die muslimische Gemeinde der Hagia Sophia gestiftet. Das Bad, an seiner rot-beige gebänderten Fassade und den zahlreichen kleineren Kuppeln leicht zu erkennen, war bis 1910 in Benutzung.

Das Hamam besaß zwei gleichgroße Abteilungen, eine für Frauen und eine für Männer, die hintereinander und nicht wie

Ein Besuch in der Moschee

In der Moschee, türkisch **Cami**, treffen sich Muslime zum Gebet. Der gängige **Bautyp** aus Vorhof und Gebetshalle nimmt das Haus des Propheten Mohammed in Medina zum Vorbild.

Im Gebetssaal zeigt der prachtvolle **Mihrab** die Gebetsrichtung (*Qibla*) gen Mekka an. Zu den religiösen Pflichten der Gläubigen gehört es, **fünfmal am Tag** zu beten (*Namaz*): beim Morgengrauen (*Fecir, Sabah*), mittags (*Ögle*), nachmittags (*Ikindi*), bei Sonnenuntergang (*Akşam*) und vor dem Schlafengehen (*Yatsi*). Rechts vom Mihrab steht die Kanzel, **Minbar**, von der aus der *Hatib* (Prediger am Freitag) die **Freitagspredigt** (*Hutbe*) hält. Hinzu kommt die **Sänger-** oder **Vortragsloge** (*Kürsü*) für den *Vaiz* genannten Prediger, der meist aus dem Koran rezitiert.

An Reinigungsbrunnen oder Wasserspeiern bereiten sich Gläubige für das Gebet vor

Die meisten Moscheen besitzen einen **Vorhof** (*Avlu*), in dem sich der **Reinigungsbrunnen** (*Sadirvan, Sebil*) befindet. Hier waschen sich die Gläubigen, bevor sie die Moschee betreten. Ein **Minarett** (*Minare*) mit mindestens einem **Umgang** (*Serefe*) komplettiert die Anlage. Von hier erschallt der **Aufruf zum Gebet** (*Ezan*), heute meist als Audioaufzeichnung über Lautsprecher.

Die Moschee ist nicht nur Gebetshaus, sondern auch Treffpunkt, Diskussionsforum, Handelsplatz und Schule. Zu den großen Gotteshäusern gehörte meist eine Moscheenstiftung, die **Külliye**. Sie umfasste Einrichtungen, die dem Wohl der Gemeinde und dem Unterhalt des Sakralbaus dienten. Dazu gehörten Schule (*Mekteb*), Religiöse Hochschule (*Medrese*), Bibliothek (*Kütüphane*), Badehaus (*Hamam*), Krankenhaus (*Darüşifa*), Armenküche (*Imaret*), Karawanserei (*Saray*), Gasthäuser (*Han*), Ladengassen (*Arasta*) und Raum des Zeitmessers (*Oda zamanı*).

Die Moscheen von Istanbul stehen auch Nicht-Muslimen offen, vorausgesetzt sie berücksichtigen einige **Regeln**: Man sollte dezent gekleidet sein, d. h. mit langer Hose bzw. kniebedeckendem Rock. Die Oberbekleidung sollte möglichst langärmlig sein und ohne Dekolleté. Vor Betreten des Gebetssaals zieht man die *Schuhe* aus und stellt sie entweder in eines der dafür vorgesehenen Regale, oder man erhält eine Plastiktüte und kann die Schuhe so mitnehmen. Frauen können sich hier auch ein *Tuch* ausleihen, um den Kopf zu bedecken. Außerdem sollte man das Handy ausschalten, dezent sprechen und agieren, nicht zwischen Betende und Mihrab treten und keine betenden Menschen fotografieren.

Kuppelkaskaden und Minarette als Architekturharmonie des 17. Jh. – die Sultan Ahmet Camii

sonst üblich nebeneinander angeordnet waren. Die beiden Eingänge befanden sich auf den Schmalseiten im Südosten und Nordwesten. Heute freilich ist nur die Pforte zur Hagia Sophia hin geöffnet, und statt Schwitzbäder und Massagen bietet in den edel mit grauem Marmor restaurierten Räumen das *Ministerium für Kultur und Tourismus* nicht minder edle Teppiche aus heimischer Fertigung an.

Ein Rundgang lohnt, denn hier kann man nicht nur einkaufen, sondern zugleich die formvollendete Architektur eines klassischen Hamams bewundern. Beide Abteilungen erschlossen sich jeweils vom überkuppelten Ruhesaal (*Camekan*) aus. Über einen Akklimatisationsraum (*Soğukluk*) betraten die Besucher das eigentliche Dampfbad (*Hararet*). Auf dem sechseckigen, beheizten Marmorpodest (*Göbek Taşı*) in seiner Mitte ließ man sich massieren. Wer es ruhiger mochte, konnte sich in eines der Nischenbäder zurückziehen, deren restaurierte Marmorbänke, Marmorabflussrinnen und Messingarmaturen noch heute durch edles Gepräge begeistern.

7 Sultan Ahmet Camii
Blaue Moschee

TOP TIPP *Tausende blau-grüne Kacheln schmücken die berühmteste Moschee Istanbuls.*

Sultanahmet Meydanı, Sultanahmet
Tel. 02 12/518 13 19
tgl. 9–19 Uhr, Besichtigung außerhalb der Gebetszeiten
Straßenbahn: Sultanahmet

150 Jahre nach der osmanischen Eroberung diente die altehrwürdige Hagia Sophia noch immer als Hauptmoschee Istanbuls. Das sollte sich mit der Herrschaft des jungen *Sultans Ahmet I.* (1590–1617) ändern. Er wählte das in Sichtweite zur Hagia Sophia befindliche Gelände südöstlich des Hippodroms als Standort für die neue Hauptmoschee, die den fast 1100 Jahre alten byzantinischen Sakralbau an Pracht noch übertreffen sollte. In nur sieben Jahren, 1609–16, schuf Hofbaumeister *Mehmed Ağa* (um 1540–1617), ein Schüler Sinans, den Monumentalbau mit mächtiger Kuppel und sechs Mina-

retten. Der Legende nach forderte der Sultan die Errichtung von Minaretten aus Gold (türk. *altın*). Eingedenk des schmalen Budgets entschloss sich der Baumeister jedoch, seinen Auftraggeber misszuverstehen und konstruierte sechs (türk. *alti*) Steintürme. Dennoch soll Ahmet I. mit dem Ergebnis zufrieden gewesen sein. Schließlich machte seine Moschee, eine der größten Gotteshäuser der islamischen Welt, mit ihren sechs Minaretten sogar der *Al-Haram-Moschee* in *Mekka* Konkurrenz, welche die Kaaba, das Haus Abrahams, umschließt und daher als heiligste Moschee überhaupt gilt. Um diesen Affront wieder zu mildern, stiftete Ahmet I. nun der Moschee in Mekka ein siebtes Minarett. Übrigens verstarb der Sultan wenige Wochen nach der Weihe seiner Istanbuler Moschee im Alter von nur 27 Jahren.

Die Sultan Ahmet Camii reicht in ihren Ausmaßen nicht ganz an die Hagia Sophia heran. Durch ihre leicht wirkende **Dachlandschaft** aus Kuppeln und Halbkuppeln, die Reihung der Fenster in den Wänden und Kuppelbasen sowie die Eleganz der Strebepfeiler setzt die Moschee dennoch einen eigenständigen städtebaulichen Akzent als eines der *Wahrzeichen* Istanbuls.

Das von einer Mauer umkränzte Areal der Sultan Ahmet Camii umfasste einst auch eine *Külliye*, eine Moscheenstiftung, mit Einrichtungen wie Medrese, Hospital, Armenküche und Karawanserei. Erhalten blieben neben der Medrese und der Armenküche auch die **Türbe**. Hier sind Sultan Ahmet I., seine Gattin Kösem Mahpeyker (um 1589–1651), der gemeinsame Sohn Sultan Murat IV. sowie sein Halbbruder Sultan Osman II. bestattet.

Vom Garten aus führen im Süden, Westen und Norden Treppen hinauf zu den drei hohen **Portalen** des Vorhofs. Die Tore sind mit Stalaktitengewölben und goldenen Kalligraphien verziert. Die holzgeschnitzten *Türen* mit opulenten Einlegearbeiten aus Perlmutt und Schildpatt machen verständlich, warum der Baumeister Mehmed Ağa den Beinamen *Sedefkâr*, Perlmuttmeister, trug. Den **Vorhof** (53 x 51 m) rahmen luftige *Arkadengänge* auf 26 Granitsäulen, ihre Dächer zieren 30 kleine Kuppeln. In der Hofmitte erhebt sich der achteckige **Reinigungsbrunnen**, wo einst die rituellen Waschungen vor dem Gebet stattfanden. Heute benutzen Gläubige die Wasserhähne an der äußeren Hoffassade. Auch der **Besucherein-**

Oben: *Blaue Moschee – fließende Raumkörper, spitzendeckchenhaft durchleuchtet*
Unten: *Traum eines jeden Botanikers – Tausende von Tulpen zieren die blauen Kacheln*

gang liegt außerhalb des Vorhofs an der Südseite des Gebetssaals.

Der gleichfalls 53 x 51 m große **Gebetssaal** bietet einen überwältigenden Anblick. Alle Wände, Bögen und Gewölbe sind dicht mit porzellanzarten Ornamenten voll orientalischem Überschwang geschmückt. Kühn und von triumphaler Raumwirkung ist die **Kuppel** (Höhe 43 m, Durchmesser 23,5 m), welche auf vier gewaltigen kannelierten Rundpfeilern, den *Elefantenfüßen*, ruht. Begleitet wird sie von einer bewegten Gewölbelandschaft aus kaskadenartig abgestuften Halb- und Viertelkuppeln. Auch die heitere Lichtregie der zum Teil mit opulenten Glasmalereien verzierten 260 Fenster (17. Jh.) trägt zur musikalischen Beschwingtheit des Raums bei.

Wände und Rundpfeiler erstrahlen im Glanz von über **21 000 Kacheln**. Aufgrund der riesigen Menge an Fliesen, die hier benötigt wurden, verbot der Sultan den Werkstätten von Iznik, bis zur Fertigstellung der Moschee andere Aufträge anzunehmen. Unter dem ungeheuren Termindruck entstanden Kacheln von ganz unterschiedlicher Qualität, und so findet man neben meisterhaften Stücken auch solche von geringerer Attraktivität. Die Kacheln in der unteren Zone sind übrigens original erhalten, die obere Zone musste im 18./19. Jh. neu gefliest werden.

Begeisterungswürdig ist vor allem das Dekor der Kacheln, ein paradiesisches Füllhorn floraler Ornamente aus üppig blühenden Rosen, Tulpen und Nelken. Im Farbspiel überwiegen leuchtende **Grün-** und **Blautöne**. Kein Wunder also, dass die Sultan Ahmet Camii in Europa unter dem Namen **Blaue Moschee** bekannt ist. Selbst die meisten Fenster schimmern in herrlichen Blautönen. Die oberen Wandpartien sind heute übrigens zart rosa.

Die aus weißem Marmor gefertigten *Mihrab* und *Minbar* kann man als Nicht-Muslim nur aus der Ferne betrachten, da der Ostteil des Gebetssaals den Gläubigen vorbehalten ist. In die Gebetsnische ist übrigens ein schwarzer Stein von der Kaaba in Mekka eingearbeitet. Am südöstlichen der vier Rundpfeiler befindet sich die *Loge* (Kürsü) für Lesungen aus dem Koran. Sie ist der Sängerloge der Al-Haram-Moschee in Mekka nachempfunden.

8 Mozaikleri Müzesi
Mosaikmuseum

Die Fußbodenmosaike des Kaiserpalastes sind schön wie am ersten Tag, als Justinian I. darüber schritt.

Arasta Çarşısı, Sultanahmet
Tel. 02 12/518 12 05
Di–So 9–16.30 Uhr
Straßenbahn: Sultanahmet

Unweit südlich schließt sich der kleine Kunsthandwerksmarkt **Arasta Çarşısı** an. Die Ladengasse bietet Teppiche und Ledertaschen, Glaslampen und Kacheln, Schachbretter und Bauchtanzkostüme.

Direkt im Basar öffnet sich ein Durchgang zum Mozaikleri Müzesi. Das kleine Mosaikmuseum birgt Reste des *Büyük Saray*, des **Großen Palastes** der byzantinischen Kaiser. Das im Laufe der Jahrhunderte mehrfach überbaute Areal liegt heute unterhalb des Straßenniveaus. Bis zur Entdeckung der Ruinen 1935 fehlte jede Spur von dem sagenumwobenen Kaiserpalast. In zwei Grabungskampagnen 1935–38 und 1952–54 legten Archäologen hier einige herrliche **Fußbodenmosaiken** frei. Für die Restaurierung mussten 70 Mio. Mosaiksteinchen abgenommen, gereinigt und später an Ort und Stelle neu verlegt werden.

Die auf das 5./6. Jh. datierten Mosaiken schmückten einst wohl einen Gang, der den Palast mit der Kaiserloge im Hippodrom [s. S. 47] verband. Inmitten von Landschaftsstaffagen entfalten sich viele spannende Szenen. Man sieht zwei Männer auf der Jagd nach Raubtieren, Ungeheuer, die über Wild herfallen, einen Adler im Kampf mit einer Schlange, einen Knaben mit Hündchen im Schoß, eine Traubenleserin und zwei auf einem Dromedar reitende Jungen. Erheiternd sind ein bockendes Maultier und ein Wasserbecken, in dem sich Fische tummeln.

Der Palast der byzantinischen Kaiser, ein Komplex aus verschiedenen, in Gärten gebetteten Palais und Pavillons, erstreckte sich historischen Quellen zufolge vom 31 m hohen Hügel beim Hippodrom über sechs Terrassen bis hinunter ans Marmarameer. *Theodosius II.* (reg. 408–450) hatte das Areal erstmals zur Residenz erkoren und bis ins 12. Jh. blieb der **Große Palast** Wohnung der Kaiser. Dann übernahm der Blachernen-Palast [s. S. 72] diese Funktion und die hiesige Anlage war alsbald dem Verfall preisgegeben.

Abenteuer nach Art der Römer – erzählfreudiges Raubtiermosaik aus dem Großen Palast

Holzhäuserzeile im Altstadtviertel Sultanahmet – Erkerfassaden mit Designcharakter

9 Sultanahmet

Historisches Ambiente mit schönen Holzhäusern und Moscheen.

Straßenbahn: Sultanahmet

Sultanahmet, das pittoreske Altstadtviertel hinter der Blauen Moschee, hat sich in den letzten Jahren zu einer beliebten Hoteladresse für Istanbul-Besucher entwickelt. Charmant sind die steilen kopfsteingepflasterten Gassen mit ihren attraktiv restaurierten **Holzhäusern** aus dem 19. Jh. Einige der zumeist drei- bis vierstöckigen Bauten mit hohen *Çikma* genannten Erkern dienen heute als stilvolle Unterkünfte oder bieten Restaurants mit herrlichen Ausblicken auf die Umgebung.

Auf dem Weg hinunter zum Marmarameer erreicht man die am Hang gelegene **Sokullu Mehmed Paşa Camii** (Şehit Çeşmesi Sokak). Hofbaumeister Sinan errichtete die kleine, mit nur einem Minarett ausgestattete Moschee 1571/72 im Auftrag des Großwesirs *Sokullu Mehmed Paşa* (1505–1579). Man kann ihren Vorhof von der Seite her betreten, doch lohnt es sich, die steile Straße vollends hinabzusteigen und von unten her durch den *Haupteingang* zu kommen. Dann erst erkennt man, wie genial Sinan die beengte Lage am Hang zur Inszenierung nutzte: Eine Treppe führt durch einen gedeckten Gang direkt in den auf hohen Substruktionen ruhenden Vorhof, und beim Hinaufgehen kommt langsam der marmorne Reinigungsbrunnen ins Blickfeld. Die Medrese integrierte der Baumeister wohl aus Platzgründen in den Vorhof. Direkt über dem Treppenaufgang befand sich der Unterrichtssaal. Auch das *Innere* der Moschee überrascht: Der Gebetsraum mit der von vier Halbkuppeln gestützten Zentralkuppel über einem Sechseck erscheint trotz geringer Ausmaße recht großzügig. Der weiße Sandstein und die zahlreichen Fenster unterstreichen die hell-heitere Raumwirkung. Die hohe Qiblawand mit dem reliefierten Mihrab, das Spitzdach des schlanken Minbar sowie die Kuppelzwickel sind mit erlesenen Iznik-Fliesen bedeckt. Über der Minbar-Tür und über dem Predigersitz sind zwei schwarze Steine von der Kaaba in Mekka eingearbeitet.

An der Bahnlinie erhebt sich die **Küçük Ayasofya Camii** (Küçük Ayasofya Caddesi/Kadırga Limani Caddesi). Die heutige Moschee wurde 526/527 als *Sergios- und-*

Oben: *Köstlichkeiten in Kumkapı – auf Fisch-fang an der Markt- und Restaurantmeile un-weit des Marmarameeres*
Rechts unten: *Der Deutsche Brunnen am At Meydanı war ein Geschenk Kaiser Wil-helms anlässlich seines Staatsbesuchs 1898*

Bacchos-Kirche im Auftrag Kaiser Justini-ans I. errichtet. Das äußerlich schlichte Gotteshaus gehörte damals zum Großen Palast [s. S. 44] der byzantinischen Kaiser. Als oktogonaler Zentralbau, ummantelt von einem annähernd quadratischen Außenbau, avancierte die Kirche zum Vorbild für die wenig später errichtete Hagia Sophia. Dem trägt nicht zuletzt der türkische Name **Kleine Hagia Sophia** Rechnung. Unter *Beyazıt II.* (reg. 1481–1512) wurde die Kirche Anfang des 16. Jh. zur Moschee umfunktioniert und erhielt ei-nen Vorhof mit Reinigungsbrunnen und ein Minarett. Die Richtung Mekka wei-senden Mihrab und Minbar stehen schräg zur Bauachse des *Innenraums*. Dieser wird von der 20 m hohen Kuppel beherrscht, die auf acht Pfeilern ruht. Be-merkenswert sind auch die Wandnischen, welche von Säulen mit schönen Kapitel-len gerahmt sind.

Wer nach dem Verlassen der Moschee nach weiteren Überbleibseln des Großen Palastes suchen möchte, unterquert die Bahngleise auf der Aksakal Sokak und nimmt die Uferstraße in östlicher Rich-tung. Wenige Hundert Meter weiter er-hebt sich ein efeuüberwucherter Mauer-rest mit drei Bogenfenstern, der wohl aus der Zeit *Kaiser Theophilos'* (reg. 829–842) stammt, einziges Relikt des **Bukoleon-Palastes**, der 1204 während des Vierten Kreuzzugs zerstört wurde.

Kumkapı

Auf der Uferstraße am Marmarameer gen Westen erreicht man nach etwa 15 Min. den kleinen Fischereihafen *Balıkçılar Iske-lesi* mit dem Fischmarkt **Balık Hali**. Je nach Tagesfang werden hier frische Meerbrasse, Thunfisch, Hecht, Butt, Wolfs-barsch oder Seeteufel angeboten. Wer mag, kann seinen Kauf gleich in einem der hiesigen Restaurants zubereiten las-sen und mit Blick aufs Wasser verzehren. Schräg gegenüber vom Fischmarkt ge-

10 **At Meydanı**
Hippodrom

*Zwei Obelisken und eine Schlangen-
säule erinnern noch heute an die
antike Pferderennbahn.*

Straßenbahn: Sultanahmet

Der römische Kaiser *Septimius Severus*,
der Byzantion nach der Eroberung im
Jahre 196 n. Chr. dem Erdboden gleichge-
macht hatte, ließ im Zuge des Wiederauf-
baus ab 203 ein Hippodrom errichten, das
Kaiser Konstantin der Große im 4. Jh. erweitern und prächtig schmücken ließ.
Das gigantische Oval (480 m x 120 m) war
Austragungsort für **Wagenrennen** und
bot Platz für 100 000 Zuschauer. Die über-
dachte Kaiserloge (*Kathisma*) auf der
Südostseite war durch einen Gang mit
dem Großen Palast [s. S. 44] verbunden.

Auf der Pferderennbahn fanden auch
immer wieder **Versammlungen** statt. So
im Jahr 532, als das Volk gegen die Steu-
erpolitik *Kaiser Justinians I.* protestieren
wollte. Als man die Aussichtslosigkeit der
Lage realisierte, brach der sog. *Nika-Aufstand* los: Die erzürnten Massen riefen
einen Gegenkaiser aus und zogen dann
plündernd durch die Straßen. Konstantinopel ging in Rauch auf, und Justinians
Truppen töteten 30 000 Aufständische.

Das Eingangstor des Hippodroms auf
der Nordostseite schmückten einst vier
Bronzepferde, herrliche griechische Meisterwerke mit bewegter Geschichte: Im
1. Jh. n. Chr. waren sie nach Rom gelangt

langt man durch eine Bahnunterführung
ins **Restaurantviertel** Kumkapı. Auch hier
steht vor allem frischer Fisch in ungezähl-
ten Variationen auf der Speisekarte.

und schmückten dort die Triumphbögen von Nero und Trajan. Von dort nahm Kaiser Konstantin die Rosse dann mit in seine neue Hauptstadt und ließ sie am Hippodrom aufstellen. Heute kann man die edlen Tiere, Raubgut der Kreuzritter von 1204, in Venedigs Basilica di San Marco bewundern.

Das Hippodrom selbst war fortan dem Verfall preisgegeben und fungierte als Steinbruch. Versammlungen fanden auf dem Platz aber immer noch statt. Als die Elitetruppe der *Janitscharen* 1826 hier gegen die geplanten Heeresreformen *Sultan Mahmuds II.* und die damit verbundene Auflösung ihres Verbandes protestierte, ließ der Sultan hier und im ganzen Reich 30 000 Soldaten niedermetzeln.

Heute ist der *At Meydanı* (Rossplatz) eine friedliche, von Bäumen umkränzte **Grünanlage**. Die Umrisse des antiken Hippodroms zeichnet der äußere Straßenring nach. Auf der Mittelachse des Parcours, der **Spina**, stehen noch antike Monumente – etwa 2 m unter dem heutigen Bodenniveau. Im Süden ragt die spätantike **Gemauerte Obelisk** (*Ormetaş*) 32 m hoch auf. Kaiser *Konstantin VII. Porphyogennetos* ließ das Monument im 10. Jh. zu Ehren seines Großvaters Basileos I. mit Bronzereliefs verzieren, die jedoch der Plünderung von 1204 zum Opfer fielen. Die **Schlangensäule** (*Burma Sütun*) wenige Meter weiter, ein 479 v. Chr. nach Delphi gestiftetes Weihgeschenk griechischer Städte, ist ein weiterer Im-

Ägyptischer Obelisk und Gemauerter Obelisk zieren seit dem 4. bzw. 10. Jh. das Hippodrom

port Kaiser Konstantins. Fragmente der bekrönenden Schlangenköpfe sind heute im Archäologischen Museum [s. S. 31] von Istanbul und im Londoner British Museum zu sehen. Am besten erhalten ist der **Ägyptische Obelisk** (*Dikilitaş*, 1490 v. Chr.) in der Platzmitte. Die 20 m hohe Steinnadel aus rosafarbenem Granit stammt vom Amun-Tempel in Karnak und wurde 390 n. Chr. unter *Kaiser Theodosius I.* hierher gebracht, dem auch die schönen Sockelreliefs gewidmet sind.

Das Nordende des Platzes markiert der achteckige **Deutsche Brunnen** (*Alman Çeşmesi*), auch *Kaiser-Wilhelm-Brunnen*, im Stil osmanischer Pavillons des 15. Jh. Es handelt sich um ein Geschenk des deutschen Monarchen anlässlich seines Staatsbesuchs im Jahr 1898. Unter dem grünpatinierten Kuppeldach sieht man neben tiefgrünen Säulen und goldgrundigen Mosaiken schwungvolle Kalligraphien: die *Tuğra* (Signatur) des Sultans und ein kaiserliches Monogramm.

In Verlängerung des einstigen Hippodroms liegt die **Sultanahmet Meydanı**. Hier ließ Kaiser Konstantin im 4. Jh. ein Forum errichten, in dessen Mitte der **Meilenstein** aufragte, von dem aus alle Entfernungen im Byzantinischen Reich gemessen wurden. Heute markiert eine schlichte *Säule* die Stelle. Unweit steht ein Kiosk der *Touristeninformation*.

Gabriel inspiriert Mohammed – Koran im Museum für Türkische und Islamische Kunst

🔟 Türk ve Islam Eserleri Müzesi
Museum für Türkische und Islamische Kunst

Morgenländische Kunst im Spiegel der Epochen.

Atmeydanı Sokak, Sultanahmet
Tel. 02 12/518 18 05
Di–So 9.30–17 Uhr

An der Westseite des At Meydanı erhebt sich der **Ibrahim Paşa Sarayı**. *Sultan Süleyman I. der Prächtige* machte den zweistöckigen Palast 1524 seinem Großwesir *Pargalı Damat Ibrahim Paşa* (um 1493–1536) zum Hochzeitsgeschenk, denn der Großwesir ehelichte die Sultansschwester *Hatice*. Einige Jahre später jedoch, 1536, bezichtigte die Sultansgattin Roxelane den Regierungschef der Verschwörung und Süleyman ließ ihn erwürgen [s. S. 58]. Der verwaiste Palast diente in der Folgezeit als Verwaltungsgebäude, Militärakademie und Gefängnis.

Seit 1983 ist das 1914 gegründete Museum für Türkische und Islamische Kunst hier ansässig. Es präsentiert Exponate aus der Frühgeschichte der heutigen Türkei und vor allem aus der **islamischen Epoche**, also ab dem 7. Jh. Man begegnet Koranhandschriften und Keramik, Holzschnitzereien und Skulpturen, Schmuck und Gebrauchsgegenständen aus dem seldschukischen, mamelukischen, persischen und osmanischen Kulturkreis. Das Ganze ist bunt gemischt, und so findet man etwa ein *Goldarmband* aus Troja (2290–2190 v. Chr.) nicht weit von einer *Pergament-Miniatur* auf Goldgrund aus der iranischen Safavid-Periode des 16. Jh. Ein Muss für Teppichfreunde ist die umfangreiche Sammlung alter Knüpfteppiche und Kelims in 1. Stock. Zu den Glanzstücken gehören z. B. Fragmente eines *Gebetsteppichs* (13./14. Jh.) aus Konya und aus dem 15. Jh. prächtige *Ushak-Teppiche* von über 7 m Länge, welche die hohe Zeremonienhalle schmücken. Den Reigen beschließt im Erdgeschoss eine kleine *Ethnographische Ausstellung* zur Geschichte der Osmanen von ihren nomadischen Ursprüngen bis ins 20. Jh.

Von der *Galerie* über dem Haupteingang hat man einen schönen Blick auf den At Meydanı und die Türme und Kuppeln der Sultan-Ahmet-Moschee.

Westliche Altstadt – antike Monumente, edle Moscheen und kunterbunte Basare

Bereits in byzantinischer Zeit schlossen sich an das Machtzentrum der Altstadt westwärts weitere Wohn- und Geschäftsviertel an. Sie gruppierten sich um eine von den Römern angelegte Ausfallstraße gen Westen, die *Mese* genannt wurde und im Stadtgebiet über drei Foren führte – ausgehend vom *Augusteum*, dem heutigen **Sultanahmet Meydanı**, über das kleinere *Forum Constantini* mit der Konstantinssäule zum *Forum Tauri*, dem heutigen **Beyazıt Meydanı**. Auf dieser überwiegend schnurgerade verlaufenden Straße ritt *Sultan Mehmed II. Fatih* nach der Eroberung Konstantinopels 1453 zur Hagia Sophia, um das erste muslimische Freitagsgebet in der Stadt zu zelebrieren. In osmanischer Zeit wurde sie in **Divan Yolu** (Straße des Großen Rats) umbenannt. Die Regierungs-Avenue wird noch heute gesäumt von Moscheen und Mausoleen für Sultane und andere hohe Würdenträger. Unweit des marmornen Traditionsbadehauses **Çemberlitaş Hamamı** ragt die **Konstantinssäule** (Çemberlitaş genannt) auf, ein Memento an das Jahr 330, als Kaiser Konstantin der Große *Byzantium* zur Hauptstadt des Römischen Reiches ernannte. Die Säule befindet sich wie die nahe Barock-Moschee **Nuruosmaniye Camii** (18. Jh.) am Rande des traditionellen Händlerviertels Beyazıt, dessen Geschäftigkeit am *Beyazıt Meydanı* im **Kapalı Çarşı**, dem *Großen* oder *Gedeckten Basar* mit seinen 4000 Geschäften, kulminiert. Nach den geistigen Verlockungen des nahen stimmungsvollen Bücherbasars **Sahafları Çarısı** führt die **Beyazıt Camii** (1501), der älteste original erhaltene Moscheenbau der Stadt, zurück zu den Anfängen des osmanischen Istanbul.

Im Norden öffnen sich der Campus der **Universität** und der Moscheenkomplex der **Süleymaniye** (1557), die größte Anlage ihrer Art in Istanbul und ein Meisterwerk Sinans, des bedeutendsten osmanischen Baumeisters aller Zeiten. Kleiner, aber heiter mit ihrem bunten Kachelkleid und faszinierend dank ihrer kaskadenartigen Kuppelsilhouette ist Sinans sakrales Erstlingswerk, die **Şehzade Camii** (1548), die *Prinzenmoschee*, weiter westlich. Ganz in der Nähe überspannt die imposante zweigeschossige Bogenreihe des **Bozdoğan Su Kemeri**, ein Teilstück des römischen *Valens-Aquädukts*, den breiten Atatürk Bulvarı, der Richtung Goldenes Horn und Atatürk-Brücke führt. Unweit des Aquädukts erhebt sich die **Fatih Camii** (1470), die erste Sultansmoschee Konstantinopels, die allerdings im 18. Jh. erneuert werden musste. Im Vorhof birgt sie noch Säulen des berühmten Vorgängerbaus, der *Apostelkirche*. Sie war einst wichtigste Kirche der Stadt nach der Hagia Sophia.

Flaniermeile Divan Yolu – am Abend locken Romantik-Flair und lukullische Genüsse

12 Divan Yolu

Flaniermeile zwischen Restaurants und Sultans-Mausoleen.

Straßenbahn: Sultanahmet

Vom Sultanahmet-Platz aus führt der Divan Yolu (Straße des Großen Rats), heute lebhafteste Flaniermeile der Altstadt, geradewegs westwärts. Gleich zu Beginn setzt linker Hand die kleine *Firuz Ağa Camii* aus dem späten 15. Jh. einen religiösen Akzent, doch alsbald dominieren Geschäfte, Cafés und Restaurants das Bild. Hinter der Einmündung der *Babıali Caddesi* wechselt die Kulisse und man gewahrt kleine Friedhöfe mit Grabhäusern osmanischer Herrscher und Honoratioren. Besondere Aufmerksamkeit verdient die **Mahmud II. Türbesi** (tgl. 9–17 bzw. 19 Uhr), das Mausoleum für Sultan Mahmud II. (1785–1839). Die achteckige Türbe mit Kuppeldach ist innen im Stil des französischen Empire ausgestattet. Reliefierte und vergoldete Lorbeerkränze und Waffenbündel zieren die Wände. Die kunstvoll vergitterten Bogenfenster werden von Pilastern mit korinthischen Kapitellen flankiert. Von der mit marmornen Blumenreliefs kassettierten Kuppel hängt ein großer Kristallleuchter herab. Der Hauptaugenmerk liegt auf dem Sarkophag Sultan Mahmuds II. und den Grabmälern von einigen seiner Nachfolger

Blüten und Pflanzenornamente schmücken die ehrwürdigen Grabmäler am Divan Yolu

wie Abdülaziz (1830–1876) und Abdülhamid II. (1842–1918).

Gleich anderen Grabanlagen am Divan Yolu wird auch die Mahmud II. Türbesi von einer muslimischen Bruderschaft, in diesem Fall von der *Türk Ocağı*, betreut. Die Bruderschaften unterhalten auf dem Areal der Türben auch kleine *Kafeteryas*, wahre Oasen der Ruhe, in denen man bei einem Glas Tee neue Kraft für weitere Stadterkundungen schöpfen kann.

Schräg gegenüber, neben dem *Piyer Loti Hotel* (www.pierrelotihotel.com), führt die Piyerloti Caddesi leicht bergab. An ihrem Ende rechts birgt der Unterbau des *Belediye Binası*, des früheren Rathauses von Eminönü, die **Şerefiye Sarnıcı** (Theodosius-Zisterne, tgl. 8.30–16.30 Uhr), ein antiker Wasserspeicher wie die berühmte Yerebatan Sarnıcı [s. S. 33]. Die gewaltige Anlage mit ihren zahlreichen mächtigen Säulen wurde unter Kaiser Theodosius II. (reg. 408–450) erbaut. Da sie noch nicht restauriert ist, vermittelt sie einen authentischen Eindruck von der ›Unterwelt‹ der Altstadt.

13 Çemberlitaş

Von einer Säule für den Kaiser und einem edlen Marmorbad.

Straßenbahn: Çemberlitaş

Im weiteren Verlauf ändert die Straße ihren Namen in *Yeniçeriler Caddesi* und führt nun geradewegs auf den Platz zu,

an dem sich in der Antike das **Forum Constantini** befand. Hier feierte Kaiser Konstantin der Große im Jahr 330 die Erhebung von Byzantium zur neuen **Hauptstadt** des Römischen Reiches und ließ aus diesem Anlass die 50 m hohe **Konstantinssäule** aus ägyptischem Porphyr aufstellen. Sie bestand aus zehn Säulentrommeln und im Inneren ihres glockenförmigen Sockels sollen auf Geheiß des Kaisers *Reliquien* eingebettet worden sein, darunter die *Axt*, mit der Noah seine Arche baute, der *Stab*, mit dem Moses beim Auszug aus Ägypten Wasser aus dem Fels schlug, *Brotreste* von Jesu Speisung der Zehntausend, das *Salbgefäß* der Maria Magdalena und *Holzsplitter* vom Kreuz Christi. Ganz oben auf der von einem korinthischen Kapitell bekrönten Säule stand eine monumentale *Bronzestatue* Konstantins in Anmutung des griechischen Gottes Apoll. Im Jahr 1105 fielen Skulptur und Spitze der Säule einem Unwetter zum Opfer. Das fortan nur noch 37 m hohe Monument wurde ausgebessert und sein Schaft mit Metallringen umgürtet, was ihm den Namen **Çemberlitaş** (Gegürtete Säule) eintrug.

Östlich der Säule geht es durch einen Hufeisenbogen und einige ausgetretene Marmorstufen abwärts ins **Çemberlitaş Hamamı** (Vezirhan Caddesi 8, Çemberlitaş, Tel. 02 12/5 22 79 74, tgl. 6–24 Uhr, www.cemberlitashamami.com.tr), eines der bekanntesten Dampfbäder der Stadt. Es bietet Männern und Frauen in getrennten Abteilungen Reinigung und Entspannung. *Nurbanu* (1525–1587), die Gattin Selims II., stiftete die Anlage 1584. Sinan, diesmal in seiner Funktion als Innenarchitekt, gestaltete sie in weißem Marmor. Die Räumlichkeiten sind weitgehend original erhalten und ungeachtet der 38 kubischen Separées um den zentralen Dampfraum unerwartet beengt. Das sollte jedoch niemanden daran hindern, nach dem ausgiebigen Bad auf den heißen Platten im achteckigen Ruheraum zu liegen und dabei die gelungene Architektur zu bewundern. Durch kleine Öffnungen in der konisch zulaufenden Decke fällt gedämpftes Licht ins Innere, auf die marmornen Wasserbecken und auf das ausgeklügelte System von Wasserrinnen im mit Steinintarsien ausgelegten Boden. Falls man sich für eine **Massage** angemeldet hat, ist es mit dem ruhigen Schauen allerdings bald vorbei. Denn die Masseure oder Masseurinnen – je nach Geschlecht der Kundschaft –

Geknüpfte Blumenpracht in alten Gewölben – freundlicher Teppichhändler in Çemberlitaş

kennen kein Pardon: Klopfen, Kneten, Walken, schnelle Schläge mit der Handkante oder wuchtige mit der Faust gehören zum Standardprogramm und lassen zumindest für Hamam-Neulinge die Prozedur zu einem schier unvergesslichen Erlebnis werden.

Auf dem Wegstück zwischen Çemberlitaş und Beyazıt-Platz laden rechter Hand weitere **Höfe** und **Durchgänge** zum Bummeln und Entdecken ein. Vorboten des nahen Großen Basars sind der malerische ›Markt für alte Teppiche, Kelims, Leder und Textilien‹ im offenen Gewölbegang der *Corlulu Ali Paşa Medresesi*, der zur gleichnamigen Moschee aus dem Jahr 1716 gehörenden Religionsschule, oder die schmale, gewundene *Iskender Boğazı Sokak* mit ihren zahlreichen, üppig bestückten Silbergeschäften.

Harte Männer, ganz entspannt – Massage im dampfumflorten Çemberlitaş Hamamı

14 Nuruosmaniye Camii
Moschee des Heiligen Lichts des Osman

Erste Anklänge von Barock im osmanischen Moscheenbau.

Vezirhan Caddesi, Beyazıt
Straßenbahn: Çemberlitaş

Nördlich der Konstantinssäule ragen die zwei schlanken Minarette und die mächtige Kuppel der Nuruosmaniye Camii auf, die 1748–55 in der Regierungszeit *Sultan Mahmuds I.* (reg. 1730–1754) und seines Bruders *Osman III.* (reg. 1754–57) entstand. Der bis dato unbekannte und auch später nicht weiter in Erscheinung getretene Baumeister *Simeon Kalfa* ließ hier erstmals Stilformen des **Osmanischen Barock** anklingen. Die Moschee erhebt sich auf einem Podium, zu dem Freitreppen hinaufführen. Am *Außenbau* fällt besonders der hohe, schräg abfallende Kuppeltambour auf, der durch Pfeiler und Rundbogenfenster rhythmisiert wird. Architektonische Neuerungen sind ferner der U-förmige *Vorhof*, der einzige ohne Reinigungsbrunnen, sowie sein Arkadengang mit Rundbögen statt der bisher üblichen Spitzbögen.

Das helle *Innere* der Moschee ist großzügig mit barocken Gesimsen, Profilen und Ornamenten dekoriert. Besonders schön gemaltes Blatt- und Rankenwerk

Oben: *Schön wie Aladins Wunderlampe – orientalischer Lichterreigen im Großen Basar*
Links: *Marktgenüsse – pastellfarbenes Zuckerwerk und goldrandiges Mokka-Service*

schmückt den Mihrab und die mit 26 m Durchmesser sehr große *Kuppel*. In den ebenfalls mit floralen Motiven akzentuierten Pendentifs prangen die traditionellen Kalligraphiemedaillons mit den Namen Allahs, des Propheten und der ersten Kalifen. Im umlaufenden verkröpften Gesims weiter unten gewahrt man einen holzgeschnitzten *Fries* mit 64 Versen der 24. Koransure. Die Sure heißt Al-Nur, ›das Licht‹, und ist im Hinblick auf den Namen der Moschee mit Bedacht gewählt.

Im Südosten des Moscheeareals öffnet sich ein imposantes, neoklassizistisch gestaltetes Portal, das **Nuruosmaniye-kapı**, auf den Großen Basar mit der breiten *Kalpakçilar Başi Caddesi*, der Straße der Gold- und Schmuckhändler.

15 Kapalı Çarşı
Großer oder Gedeckter Basar

TOP TIPP *Inbegriff eines orientalischen Marktes – Gold und Glitzer, Antiquitäten und Talmi, Gewürze und Souvenirs.*

Zwischen Yeniçeriler Caddesi und
Mercan Caddesi, Beyazıt
www.kapalicarsi.org.tr
Mo–Sa 9–19 Uhr
Straßenbahn: Beyazıt; Bus: ab Taksim
61B (Haltestelle: Beyazıt Meydanı,
beim Basareingang Çarşıkapı)

Wo sich heute *Beyazıt Meydanı* und Großer Basar befinden, lag zur Zeit Kaiser Theodosius' I. (347–395) der größte Platz der Stadt, das **Forum Tauri**. Damals allerdings boten die Händler ihre Waren noch unter freiem Himmel an. Erst Sultan Mehmed II. der Eroberer ließ nach der Einnahme von Konstantinopel 1453 an dieser Stelle ein überdachtes und abschließbares Marktgebäude für Juweliere und Antiquitätenhändler errichten. Dieser Iç

Bedesten (Innere Markthalle) besteht noch heute und bildet das Zentrum des Kapalı Çarşı. Seine heutige Größe von 30,7 ha Grundfläche, rund 80 Verkaufsstraßen und 4000 Geschäften erreichte der Basar jedoch erst im Laufe der folgenden Jahrhunderte, als sich um den Iç Bedesten immer mehr Händler und Handwerker ansiedelten. Zunächst arbeiteten sie an mit Sonnensegeln überspannten Marktständen, aber nach Verwüstungen durch Brände und Erdbeben, zuletzt 1894 und 1954, bestimmen heute Dachkuppeln und gemauerte Gewölbe das Bild. Die originale Struktur der Marktquartiere mit ihren *Dolap* genannten Läden kann man am besten am zweitältesten Gebäudetrakt, dem **Sandal Bedesten** im Nordosten, studieren.

Von jeher sind einzelne Straßenzüge des Basars bestimmten **Waren** vorbehalten, die Teppichhändler etwa findet man in der Keseciler Caddesi und Takkeciler Caddesi, Gebetsketten in der Halicilak Caddesi usw. Bis Mitte des 19. Jh. wurde

Sinan – der osmanische Michelangelo

Man nannte ihn Michelangelo der Osmanen, Euklid seiner Epoche oder Dichter der Steine. Und tatsächlich, der ›ehrwürdige Baumeister‹ **Koca Mimar Sinan Ağa** (um 1489/97–1588), ein Zeitgenosse Michelangelos, gilt als der bedeutendste Vertreter osmanischer Architektur. Die ihm zugeschriebenen **477 Bauwerke** waren hinsichtlich Statik, Ästhetik und Anmut richtungsweisend. So schuf der einstige Zimmermann und Militäringenieur erstmals Moscheen mit vielgestaltigen, fein gestaffelten **Kuppellandschaften** von bezaubernder Leichtigkeit, die weite, lichtdurchflutete Innenräume ermöglichten. Neu war auch, dass Sinan seine Bauwerke mit Bezug auf ihre Umgebung als **städtebauliche Glanzpunkte** komponierte, wovon man sich in Istanbul angesichts des Moscheenkomplexes der *Süleymaniye* auf einer Anhöhe über dem Goldenen Horn oder der am Hang errichteten *Sokullu Mehmed Paşa Camii* überzeugen kann.

Die Anfänge des großen Sinan waren freilich bescheiden: Er wurde in Ağırnas, einem zentralanatolischen Dorf bei Kayseri, als Sohn christlicher Eltern geboren. Um 1513 kam er im Zuge der *Devşirme*, der Knabenlese, nach Istanbul, wo er Unterweisung im Islam

und eine militärische Ausbildung erhielt. Als **Ingenieur** nahm er dann an zahlreichen Feldzügen der *Sultane Selim I.* und *Süleyman I.* teil, die ihn nach Persien, Ägypten, Rhodos und auf den Balkan führten. Zu jener Zeit baute er Festungen, Brücken und Wasserleitungen, Belagerungstürme und Katapulte. 1521 trat er der Elitetruppe der **Janitscharen** bei und wurde 1535 gar zum Oberst der Leibgarde des Sultans ernannt.

Sinans wahres **Talent** entfaltete sich aber erst, als er 1538 von Süleyman I. zum *Leiter des Hofbauamtes* ernannt wurde. In Istanbul war sein erster Großauftrag die *Şehzade Camii* (1543–48), die Prinzenmoschee. Sinan selbst bezeichnete sie später als sein ›**Lehrlingsstück**‹, obwohl sie mit ihrer auf vier Pfeilern ruhenden Zentralkuppel und den vier seitlichen Halbkuppeln Maßstäbe im Moscheenbau setzte, die bis ins 19. Jh. Gültigkeit haben sollten. Auch Sinans ›**Gesellenstück**‹, der nahebei errichtete, in den Außenbereichen zum Goldenen Horn hin terrassierte Moscheenkomplex der *Süleymaniye* (1550–57), ist in Wahrheit ein Meisterwerk in der Nachfolge der Hagia Sophia. Als **Krone seiner Schöpfungen** schließlich titulierte Sinan im Rückblick die *Selimiye* (1568–75) in Edirne mit ihrer atemberaubend schönen Kuppel, der spektakulären Lichtführung und der märchenhaft opulenten Ausstattung, darunter herrlichste Iznik-Fliesen.

In Istanbul sind weitere phänomenale **Bauwerke** Sinans die *Mihrimah-Moschee* (1543–48) in Üsküdar, das marmorne Zwillingsbad *Haseki Hürrem Sultan Hamamı* (1556/57) gegenüber der Hagia Sophia und die *Rüstem Paşa Camii* (1561–63) beim Ägyptischen Basar mit ihren bezaubernden Kacheln.

Für das **Mausoleum** (1566/67) seines Gönners Sultan Süleyman I. auf dem Gelände der Süleymaniye hatte sich Sinan vom Felsendom in Jerusalem inspirieren lassen. In Sichtweite erhebt sich das bedeutend kleinere und sehr schlichte Grabmal, das Sinan für sich selbst entwarf. Mehr Prunk war auch nicht nötig, denn die schönste Zier für den 1588 verstorbenen ›Baumeister der Sultane‹ sind seine ›Gedichte in Stein‹, jene weltberühmten Bauten von unvergänglicher Schönheit.

hier sogar noch Sklavenhandel getrieben. Zu althergebrachten Waren wie Teppiche, Stoffe, Antiquitäten, Metallarbeiten und Keramik haben sich auch Lederwaren, Textilien und *Souvenirs* gesellt. Ob man nun Damaszener Klingen, Goldketten, Meerschaumpfeifen, Schnabelkannen, CDs oder eine Wasserpfeife kaufen möchte, im Großen Basar wird man fündig. Die Preise für Touristen sind in der Regel überhöht und Handeln lohnt sich. Verständigungsprobleme gibt es kaum, denn die meisten Verkäufer sprechen mehrere Sprachen.

Die Bezeichnung ›**Stadt in der Stadt**‹ verdient der Kapalı Çarşı übrigens nicht nur wegen seines Mauerrings mit sechs großen, teils mit Wappen und Inschriften geschmückten *Toren* und elf kleineren Durchlässen. Auch Post (PTT), Bank, Kaffeehäuser und Restaurants sind vertreten. Im ältesten Café, dem *Şark Kahvesi* in der Yağlıkçılar Sokak, sieht man Markthändler, die sich hier zum Teetrinken und *Tavli*-Spielen treffen. In der Gâni Çelebi Sokak werden im Lokal *Havuzlu* (www.havuzlurestaurant.com) kleine Köstlichkeiten der osmanischen Küche serviert.

16 Sahafları Çarşısı
Bücherbasar

Bei den Bouquinisten schmökern Gelehrte, Studenten und Reisende.

Straßenbahn: Beyazıt, Bus: ab Taksim 61B (Haltestelle: Beyazıt)

Nur wenige Meter südwestlich des Großen Basars führen eine unauffällige, weinumrankte Pforte und einige Steinstufen in die schmale Gasse des Bücherbasars Sahafları Çarşısı. Im Westen weitet sich der Gang zu einem kleinen Platz mit einem Denkmal, der Büste des **Ibrahim Müteferrika** (1674–1745). Der aus dem heutigen Ungarn stammende Historiker, Astronom und islamische Theologe hatte mit viel Hingabe und Risikobereitschaft die Erlaubnis für eine *Druckerei* erwirkt, die er 1726 als erste des Osmanischen Reiches in Istanbul eröffnete. Sultane und muslimische Geistliche hatten bis dahin alles Druckwerk als Produkt von Ungläubigen verboten. 1729 konnte Müteferrika dann den ersten Titel veröffentlichen, ein türkisch-arabisches Wörterbuch.

Im Basar reihen sich die Auslagen von **Buchhändlern** und **Antiquaren** aneinander. In Kisten stapeln sich aktuelle Romane, in den Regalen prangen rare Erstausgaben. Ein Großteil des Angebots ist in türkischer Sprache, aber es gibt auch Fachliteratur und Urlaubslektüre in Englisch, Deutsch oder Niederländisch. Nicht weniger beachtenswert sind Drucke und Stiche mit historischen Stadtansichten von Istanbul oder handgeschriebene, schön illustrierte Seiten aus dem Koran.

17 Beyazıt Camii
Beyazıt-Moschee

Die älteste Sultansmoschee der Stadt.

Beyazıt Meydanı, Beyazıt
Straßenbahn: Beyazıt, Bus: ab Taksim 61B (Haltestelle: Beyazıt)

Die Beyazıt Camii am nahen Beyazıt Meydanı ist die älteste original erhaltene Moschee Istanbuls. Der imposante Kuppelbau, 1501–06 unter *Sultan Beyazıt II. dem Frommen* (1447–1512) von Yakub Şah Bin Sultan errichtet, gilt als Paradebeispiel klassischer osmanischer Architektur mit deutlichen Einflüssen der Hagia Sophia und der Grünen Moschee in Bursa.

Der lang gestreckte Baukomplex wird von zwei *Minaretten* flankiert, die durch je acht rote Ziegelringe und einen Umgang vertikal gegliedert sind. In der Mitte greift der quadratische **Vorhof** weit nach Norden aus. Die rot-weiß gebänderten Bögen seines Arkadengangs ruhen auf 20 antiken Säulen aus rotem und grünem Porphyr, hellem Granit und schwarzem Marmor. Sie stammen vom *Forum Tauri* [s. S. 55], ihre Kapitelle jedoch sind in osmanischer Tropfsteinmanier gestaltet. 24 Kuppeln schmücken den Arkadengang, ein Kuppeldach den achtsäuligen *Reinigungsbrunnen* in der Mitte des Hofs.

Die **Moschee**, ein Zentralbau von gleichen Maßen wie der Vorhof, wird in der Front durch zwei Flügelbauten erweitert. Die *Kuppel* (Durchmesser 17 m) steigt über vier gewaltigen Pfeilern mit T-förmigem Grundriss auf, zwei große Halbkuppeln schließen sich an. Vier kleinere Kuppeln zieren die beiden vierjochigen Seitenschiffe. Fein ziselierte *Ornamentmalereien* schmücken die großflächigen Pendentifs der Hauptkuppel, die Bogengurte und Apsiden. Unweit von Mihrab und Minbar fällt die marmorverkleidete Sultansloge ins Auge.

Die schlichte **Türbe** aus grauem Kalkstein hinter der Moschee birgt das Grabmal ihres Stifters Sultan Beyazıt II.

Roxelane oder mit den Waffen einer Frau

Die historischen Quellen charakterisieren **Roxelane** (um 1500–1558) als machthungrig und skrupellos. Als eine Frau, die ihren Gemahl **Sultan Süleyman I. den Prächtigen** (um 1494–1566) geschickt umgarnte und ihm Regierungsentscheidungen einflüsterte. Sie hatte das Sagen über Wohl und Wehe von Familie und Untertanen, häufig eine Frage von Leben und Tod.

Die Sultansgattin hieß ursprünglich **Aleksandra Lisowska** und wurde um 1500 in *Ruthenien*, im Gebiet der heutigen Ukraine, als Tochter polnischer oder russischer Christen geboren. Ihr Beiname Roxelane bezieht sich auf ihre Herkunft aus dem Land der *Roxolane*, eines Reitervolkes der nordöstlichen Steppen. Im Jugendalter wurde sie von Krimtataren geraubt und als Sklavin in den Harem des osmanischen Sultans verkauft. Hier trat sie, nun **Hürrem** genannt, zum Islam über. Die junge Frau machte schnell Karriere, denn 1520 heiratete Süleyman I. sie als seine vierte Ehefrau, nicht ohne sie vorher in die Freiheit entlassen zu haben, ein Novum in der Geschichte. In der Hierarchie des Harems nahm sie fortan die **Führungsposition** ein, obwohl andere Ehefrauen ältere Rechte gehabt hätten, allen voran Süleymans erste Gattin Mahidevran, die dem Sultan einen Sohn namens Mustafa geboren hatte.

Süleyman und Roxelane hatten sechs **Kinder**: Mehmed (1521–1543), Mihrimah (1522–1578), Abdullah (1523–1526), Selim (1524–1574), Beyazıt (1526–1562) und Cihangir (1530–1553). Auch das war neu: Bis dahin wurden die Ehefrauen und Konkubinen des Sultans, sobald sie diesem einen Sohn geschenkt hatten, in den Alten Palast oder in die Provinz geschickt. Roxelane jedoch blieb und gebar Süleyman weitere Kinder.

Die Chancen standen nicht schlecht, dass einer ihrer Söhne **Thronfolger** werden würde. Der von den Eltern favorisierte Mehmed allerdings starb 1543 an den Pocken. Um den Thron für einen ihrer verbliebenen Söhne zu sichern, spann Roxelane eine Intrige gegen Mustafa, den Sohn von Mahidevran. Sie spielte Süleyman gefälschte Briefe zu, die diesen glauben machten, sein Erstgeborener plane eine Revolte gegen ihn. Daraufhin ließ der Sultan 1553 Mustafa und dessen elfjährigen Sohn Mehmed erdrosseln. Diese Art **Thronstreitigkeiten** zu verhindern hatte Tradition [s. S. 26]. Doch Roxelane war die erste Frau, die die **Ränke** um Macht und Einfluss so offen und gnadenlos betrieb. Auf ihr Drängen hin wurden 1536 Großwesir *Ibrahim Paşa*, der langjährige Vertraute ihres Mannes, und 1555 auch einer seiner Amtsnachfolger, *Kara Ahmed*, hingerichtet. Roxelanes Herrschaftsgebaren bereitete den Weg für das nachfolgende **Sultanat der Frauen**, *Kadınlar Sultanatı*. In dieser rund 300 Jahre währenden Epoche hielten entscheidungs- und durchsetzungsfähige Mütter und Ehefrauen vielfach schwacher Sultane die Fäden der Macht in Händen.

Roxelane hat den Erfolg ihrer Intrigen nicht mehr erlebt. Sie verstarb 1558, acht Jahre vor Sultan Süleyman. Noch zu dessen Lebzeiten, nämlich 1562, brachen die Thronstreitigkeiten zwischen den beiden verbliebenen Söhnen aus. Nachdem Beyazıt versucht hatte, eine eigene Armee aufzubauen, ließ Selim seinen Bruder und dessen vier Söhne auf Befehl seines Vaters erwürgen und wurde nach dem Tod Süleymans *Sultan Selim II.* Später erhielt er den Beinamen ›der Trunkene‹.

Und übrigens: Roxelane bekam sogar ihre eigene Türbe, sie ist unweit ihres Gatten auf dem Gelände der Süleymaniye beigesetzt [s. S. 62].

La più bella e più favorita donna del gran Turco ditta la Rosa

Stolz beflaggt – das Seraskertor der Universität von Istanbul wurde im 19. Jh. errichtet, als Portalbau eines neuen Kriegsministeriums

Türk Vakif Hat Sanatları Müzesi

An der Westseite des Beyazıt Meydanı erhebt sich die einstige *Medrese* der Beyazıt Camii. Der eingeschossige palastartige Bau mit begrüntem Innenhof beherbergt heute das Türk Vakif Hat Sanatları Müzesi, das **Museum der Kalligraphie** (Tel. 02 12/527 58 51, Di–Sa 9–16 Uhr). Zu den hochwertigen Exponaten gehören Koranhandschriften aus dem 13.–16. Jh., andere kostbare Manuskripte mit kunstvollem Schriftbild und in Holz reliefierte *Tuğras*, die kalligraphisch verschlungenen Signaturen der Sultane.

18   Istanbul Üniversitesi
Universität von Istanbul

Das repräsentative Prunktor öffnet sich für wissbegierige junge Menschen und für Feuerwehrleute.

Beyazıt Meydanı, Beyazıt
Eintritt nur für Studierende und Universitätspersonal
www.istanbul.edu.tr/english
Straßenbahn: Beyazıt, Bus: ab Taksim 61B (Haltestelle: Beyazıt)

Auf der Nordseite des Beyazıt-Platzes befand sich einst der **Eski Sarayı**, der Alte Palast. Sultan Mehmed II. der Eroberer hatte ihn nach 1453 als Residenz errichten lassen, später zogen die Sultane in den Topkapı Sarayı [s. S. 22]. Vom Alten Palast ist heute nichts mehr zu sehen, umso mehr Aufmerksamkeit erheischt das bombastische **Seraskertor**, ein orientalisierender Triumphbogen zwischen zwei niedrigeren zinnenbewehrten Achtecktürmen, der heute als *Haupteingang* der Universität von Istanbul fungiert. Deren historische Gebäude sind in viel Grün gebettet, aber von hohen Mauern umgeben, denn sie wurden 1866–70 als Sitz des *Kriegsministeriums* (Seraskerat) errichtet. Nachdem dieses 1923 in die neue Hauptstadt Ankara verlegt worden war, zog die 1933 von Kemal Mustafa Atatürk neu strukturierte Alma Mater hier ein, eine Hochschule mit heute 70 000 Studenten.

Ein weiteres Wahrzeichen des Campus ist der 85 m hohe **Beyazıt Kulesi**. Sultan Mahmud II. hatte den markanten Turm aus weißem Marmara-Marmor 1828 als Feuerwachturm errichten lassen und diesen Zweck erfüllt er noch heute.

19 Süleymaniye
Süleyman-Moschee

Gewaltiges Werk des Meisterarchitekten Sinan, eine der größten und wichtigsten Moscheen Istanbuls.

Prof. Sıddık Sami Onar Caddesi (nahe Tiryakiler Çarşısı), Vefa
Straßenbahn: Beyazıt,
Bus: ab Taksim 61B
(Haltestelle Beyazıt, dann 15 Min. zu Fuß)

Weithin sichtbar thront die Süleymaniye auf dem dritten Altstadthügel Istanbuls mit Blick auf das Goldene Horn, ein bezauberndes *Wahrzeichen* der Stadt und eine würdige Erinnerung an ihren Stifter *Sultan Süleyman I. den Prächtigen.* Ihre vier **Minarette** mit insgesamt zehn (2 x 3, 2 x 2) Umgängen zeigen an, dass er der vierte Sultan seit der Eroberung Konstantinopels und der zehnte Sultan des Osmanischen Reiches war.

Der Baumeister *Sinan* schuf hier 1550–57 ein Glanzstück der osmanischen Moscheenarchitektur, wobei er gemäß Süleymans Wunsch wieder auf das große Vorbild, die Kuppelbasilika Hagia Sophia, zurückgriff. Und damit die Moschee »solange aufrecht stehen bleibt, wie die Welt besteht«, so Sinan, errichtete er den Bau auf einem erdbebensicheren Fundament aus wassergefüllten Kammern, konstruiert nach der Art antiker Zisternen. Trotz seiner Leistungen hielt Sinan die Süleymaniye im Nachhinein jedoch lediglich für sein ›**Gesellenstück**‹.

Dabei erstaunt allein schon die schiere Größe, denn der **Külliye** [s. S. 40] genannte Moscheenkomplex ist das größte Bauensemble seiner Art in der Stadt. Auf der Anhöhe und auf mehreren Terrassen zum Goldenen Horn hin liegen vier Koranschulen, ein öffentliches Badehaus, eine medizinische Fakultät, eine Bibliothek, ein Observatorium, ein Krankenhaus, eine Karawanserei, eine Armenküche und eine Hochschule. Diese größtenteils original erhaltenen Bauten gruppieren sich um den *inneren Moscheenbezirk,* der 216 x 144 m groß und von einer eigenen Mauer umkränzt ist.

In seiner Mitte, wiederum auf einem Steinpodest, erhebt sich die **Moschee** mit ihrem arkadengesäumten Vorhof, welchen man durch ein monumentales Prachttor mit Stalaktitengewölbe betritt. Der *Gebetssaal* misst 58,5 x 57,5 m und besitzt nach der Hagia Sophia die zweitgrößte **Kuppel** Istanbuls (Höhe 54 m, Durchmesser 27 m). Sie besteht aus zwei Schalen, zwischen die Sinan 64 bauchige *Tonzylinder* einbauen ließ. Die Öffnungen sind in den Gebetsraum gerichtet und sorgen so für eine hervorragende *Akustik.* Über die vier großen *Pendentifs* wird die Last der Kuppel nach unten geführt, wo

Moschee für den Prächtigen – die erhabene Süleymaniye strahlt über das Goldene Horn

derum auf zwei kleineren in die Zwickel gestellte Halbkuppeln ruht.

Der *Gesamteindruck* ist der von luftiger Weite und strahlender Leichtigkeit. Das bezaubernde Lichtspiel inszenieren 136 Fenster mit *Glasmalereien* aus dem 16. Jh., welche in die Kuppeln, Apsiden und Schildwände eingelassen sind. Die marmorverkleideten Wände werden durch kräftige Gesimse und die umlaufende, auf stark profilierten Konsolen ruhende Galerie gegliedert.

Belebende *Farbakzente* setzen nicht nur die rot-weiß gebänderten Gurtbögen und ornamentalen Kuppelmalereien. Die Wand um den marmornen *Mihrab* mit Stalaktitenhimmel ist mit *Iznik-Fliesen* [s. S. 80] ausgekleidet, die mit ihrer Fülle an Blumen und Bäumen den Paradiesgarten symbolisieren. Bei den hiesigen Kacheln findet auch erstmals jenes leuchtende Bolus-Rot Verwendung, für das die Keramik aus Iznik berühmt ist.

Im Übrigen glänzt die *Ausstattung* durch vornehme Zurückhaltung, was auch für den filigran geschnitzten *Minbar*

sie auf vier gewaltigen Pfeilern ruht. Zum Vorhof hin und zur *Qiblawand* (Gebetsrichtung nach Mekka) gegenüber ist jeweils eine Halbkuppel angefügt, die wie-

Göttliche Raumgestalt – Sinans Süleymaniye bezaubert durch Weite und Leichtigkeit

Friedvoll – die Türben für Sultan Süleyman I. den Prächtigen und seine Gattin Roxelane

gilt. Ungewöhnliche Zutaten in der abgehängten Beleuchtung sind die hohlen *Straußeneier* aus dem 16. Jh., die mit wohl riechenden Kräutern gefüllt sind.

Hinter der Moschee liegt ein Friedhof mit **Mausoleen**. Besonders betrachtenswert ist hier die 1566/67 errichtete achteckige Türbe für *Sultan Süleyman I. den Prächtigen* (um 1494–1566), in der auch die Sarkophage seiner Amtsnachfolger *Süleyman II.* (1644–1691) und *Ahmet II.* (1642–1695) sowie von Süleymans Tochter *Mihrimah* (1522–1578) aufgestellt sind. Außen und innen ist das Grabhaus vollständig mit schönsten Iznik-Kacheln vornehmlich in Rot und Grün geschmückt, einige Fliesen tragen Koranverse.

In der benachbarten sechseckigen Türbe fanden Süleymans Gattin *Haseki Hürrem* (*Roxelane*, um 1500–1558, s. S. 58), seine Mutter *Dilaşub Salia* und seine Schwester *Asiye* ihre letzte Ruhestätte.

Am Nordwestrand des Moscheenbezirks steht die schlichte Türbe für den 1588 verstorbenen *Sinan* [s. S. 56]. Einzige Zier des marmornen Grabbaus ist eine in Stein gemeißelte Kalligraphie an der Fassade, in der Sinans Freund Mustafa Sa'i Çelebi in Versform das Lebenswerk des genialen Baumeisters preist.

20 **Şehzade Camii**
Prinzenmoschee

Heitere freundliche Moschee, das ›Lehrlingsstück‹ von Meister Sinan.

Şehzadebaşı Caddesi 70,
Saraçhane/Laleli
Di–So 9–17 Uhr
Bus: ab Eyüp und Edirnekapı 36A, 36V, 37Y, 38B, 39B, 39Y, 86V; ab Şişli 77A
(Haltestelle: Şehzadebaşı)

Die Şehzade Camii stiftete *Sultan Süleyman I. der Prächtige* im Jahr 1543 zum Gedenken an seinen Lieblingssohn *Mehmed* (1521–1543), der an den Pocken gestorben war. *Sinan* tat sich hier erstmals als Sakralbaumeister hervor. Später bezeichnete er die 1548 vollendete Moschee als sein ›**Lehrlingsstück**‹.

Die Prinzenmoschee folgt dem Bautyp byzantinischer *Kuppelbasiliken* wie der Hagia Sophia, kombiniert aber die *Zentralkuppel* (Höhe 37 m, Duchmesser 18 m) über quadratischem Grundriss hier erstmals mit vier (statt zwei) niedrigeren Halbkuppeln, denen noch einmal je zwei kleinere Halbschalen zugesellt sind. Kuppeln über den Eckjochen und der 16-fach überkuppelte Umgang des gleichgroßen *Vorhofs* komplettieren das faszinierende Bild einer bewegten Dachlandschaft mit **kaskadenartigem Kuppelverlauf**. Dieser Typus blieb Markenzeichen der Sinan-

Bauten und prägte die osmanische Moscheenarchitektur bis ins 19. Jh. Der weite, erhaben wirkende *Innenraum* unter der majestätischen Kuppel steht im Zeichen großer Lichtregie. An Schildwänden und Kuppeltambouren reihen sich zahllose Rundbogenfenster aneinander, manche mit Glasmalereien verziert. Allenthalben prangen Wandpartien im üppig-bunten Farbenkleid von Iznik-Fliesen.

Unter den **Grabhäusern** im rückwärtigen Garten fällt die besonders aufwändig gestaltete *Mehmed Türbesi* ins Auge. Sie besitzt eine zartgrün grundierte Kachelverkleidung, original erhaltene Buntglasfenster und eine vollständig mit Blumenmustern und Koranversen ausgemalte Kuppel. Über Mehmeds Sarkophag spannt sich ein mit feinsten Holzschnitzereien und Elfenbeinintarsien besetzter Baldachin. Links neben ihm ruhen seine Tochter *Humaşah Sultan* und sein Bruder *Cihangir*. Letzterer starb 1553 angeblich aus Gram über den gewaltsamen Tod seines Halbbruders *Mustafa*, den ihr Vater Sultan Süleyman I. der Prächtige erwürgen ließ [s. S. 58].

In den beiden benachbarten *Türben*, die gleichfalls herrlichen Kachelschmuck aufweisen, sind zwei Großwesire Süleymans I. des Prächtigen, *Ibrahim Paşa* (um

Als Memento für den Prinzen Mehmed stiftete Sultan Süleyman I. die Şehzade Camii

1493–1536, s. S. 49) und *Rüstem Paşa* (1500–1561, s. S. 81), beigesetzt.

Kalenderhane Camii

Östlich hinter der Prinzenmoschee erhebt sich die Kalenderhane Camii (16 Mart Şehitleri Caddesi). Sie wurde im 12. Jh. unter Verwendung älterer Bauteile als Kreuzkuppelkirche errichtet und war der Maria als *Kyriotissa* (Mutter des Herrn) geweiht. Der Außenbau zeigt Mauerwerk aus Lagen von roten Ziegeln und hellem Stein, der *Innenraum* ist marmorverkleidet und mit antiken Säulen bestückt. Von der Ausstattung sind einige *Mosaiken* erhalten, deren Datierung bis ins 7. Jh. zurückreicht, darunter eine Maria mit Kind, ein Christus und ein Erzengel Michael. Bedeutsam sind auch Reste des *Freskenzyklus* (13. Jh.) zur Vita des hl. Franziskus von Assisi. Sie gelten als die ältesten Wandmalereien zu diesem Thema überhaupt. Nach 1453 schenkte Sultan Mehmed II. die Kirche dem muslimischen Bettelorden der Kalender-Derwische, welche sie als Moschee nutzten und entsprechend umbauten. Der Derwisch-Orden selbst wurde im 19. Jh. aufgelöst. Die Wiederherstellung des byzantinischen Baubestandes erfolgte in den 1970er-Jahren. Zur gleichen Zeit erneuerte man aber auch Mihrab und Minbar, denn die Kalenderhane wurde fortan wieder als Moschee genutzt.

21 Bozdoğan Su Kemeri
Valens-Aquädukt

Römische Funktionalität in Form eines majestätischen Aquädukts.

Atatürk Bulvarı, Saraçhane
Bus: ab Beyazıt und Taksim 61B; ab Taksim 32T, 35C, 71T, 72T, 73, 76D, 76E, 77MT, 80T, 83, 83O, 85T, 89C, 89T, 93T, 96T, 97T, 145T; ab Eminönü 33, 33B, 33Y, 34, 35, 80, 82, 92, 92C, 93, 94, 97A, 146B; ab Beşiktaş 28T; ab Ortaköy 30D (Haltestelle: Istanbul Belediyesi oder Müze)

Bereits *Kaiser Konstantin der Große* (reg. 306–337) hatte sich um die **Wasserversorgung** seiner Hauptstadt gekümmert. 50 Jahre später vollendete *Kaiser Valens* (reg. 364–378) das ausgeklügelte Kanal- und Tunnelsystem. Das Wasser kam aus dem *Belgrader Wald* am Bosporus rund 30 km nördlich der Stadt. Zentraler Verteiler war das *Nymphaeum Maximum* am heutigen Beyazıt-Platz. 375 wurde das Tal zwischen dem fünften und vierten Stadthügel mit einer 1 km langen, zweigeschossigen Wasserleitung überspannt. Der helle Haustein für den Valens-Aquädukt entstammt der Stadtmauer von Chalcedon auf der asiatischen Seite des Bosporus. Das antike Wasserleitungsnetz blieb bis ins 19. Jh. in Betrieb. Heute ist vom Valens-Aquädukt noch ein 600 m langer Abschnitt erhalten. Seine 18–26 m hohe Doppelgalerie überspannt die **Atatürk Bulvarı**, auf dem der Verkehr zehnspurig durch die Torbögen drängt.

22 Fatih Camii
Fatih-Moschee

Eine Moscheen-Symphonie aus Lichterglanz und Kachelornamentik.

Macar Kardeşler Caddesi, Fatih
Bus: ab Eminönü 28, 87, 90, 91 (Haltestelle: Fatih)

In Fatih, einem orthodox-islamischen Stadtteil, wurde 1463–70 die *erste Sultansmoschee* der Stadt, die Fatih Camii, errichtet. Den berühmten Vorgängerbau, die byzantinische **Apostelkirche**, hatte *Sultan Mehmed II. der Erobere*r 1461 abreißen lassen. Jene Basilika war 330 von Kaiser Konstantin gegründet worden. Sie fungierte als *Grablege* für Konstantin und seine Nachfolger (die Kaiser Constantius II., Theodosius I., Markian und Justinian I.) und galt als zweitwichtigste Kirche nach der Hagia Sophia. Erst avancierte die Apostelkirche zum Vorbild für die pompöse *Basilica di San Marco* in Venedig, dann erbeuteten die Venezianer bei der Plünderung Konstantinopels 1204 auch noch die kostbaren Apostel-Reliquien und verschleppten sie in die Markuskirche. Mehmeds Sultansmoschee schließlich verwischte die letzten Spuren des byzantinischen Gotteshauses. Der Fatih Camii wurde eine monumentale *Külliye* [s. S. 40] angegliedert, mit allein acht Koranschulen, Keimzellen der späteren Universität, mit Herberge, Hospital, Bibliothek, Armenküche und Karawanserei. Nach dem schweren Erdbeben von 1766

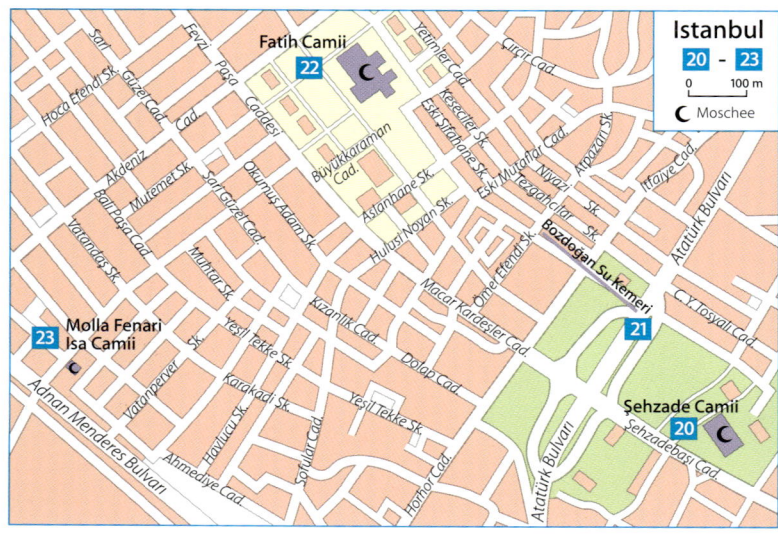

Wasser für die Stadt – der imposante Valens-Aquädukt (4. Jh.) am Atatürk Bulvarı

ließ Sultan Mustafa III. den Komplex im Jahr 1771 erneuern. Der heutige barocke *Zentralbau* mit Kaskadenkuppeln begeistert vor allem durch seine elegant-lichte Raumgestalt, die spitzendeckchenhaft durchfensterten Kuppeln und Schildwände sowie die porzellanhaft-feinsinnige Ausmalung. Von den Vorgängerbauten erhalten blieben Hauptportal und Brunnen des 15. Jh. sowie Säulen im Arkadengang des Vorhofs, die sich als Spolien aus der Apostelkirche zu erkennen geben.

Die *Grabhäuser* Sultan Mehmeds II. und seiner Gemahlin Gülbahar erheben sich hinter der Moschee.

23 Molla Fenari Isa Camii
Molla-Fenari-Isa-Moschee

Zwei byzantinische Kirchen zur Moschee vereint.

Vatan Caddesi (Höhe Şahir Fuzuli Sokak), Fatih
Metro: zwischen den Haltestellen Aksaray und Emniyet Fatih, Bus: ab Eminönü 34, 146B; ab Taksim 32T, 76E, 89T; ab Beyazıt 36E, 37A, 38, 39, 39Ç, 903, 91E, 97G (Haltestelle: Oğuzhan oder Iskenderpaşa)

Weiter südwestlich hat sich mit der Molla Fenari Isa Camii ein bedeutendes Monument byzantinischer Baukunst erhalten. Am Anfang stand die *Klosterkirche des Konstantin Lips* (Konstantin Lips Manastırı Kilisesi). Jene 907/908 der Muttergottes geweihte **Nordkirche**, die Stiftung eines Flottenadmirals, gilt als älteste Kreuzkuppelkirche der Welt. Gleich daneben ließ *Kaiserin Theodora* (um 1240–1303) ab 1282 die **Südkirche** errichten. Sie war Johannes dem Täufer geweiht und barg eine Grabkapelle, in der Theodora, ihre Söhne Konstantin und Andronikos II. Palaiologos sowie dessen Gattin Eirene von Montferrat beigesetzt wurden. Im 14. Jh. kamen Anbauten im Süden (Parekklesion) und im Westen (Narthex) hinzu.

Bei der Umwandlung der Kirchen zur **Moschee** 1496 wurden die Mosaiken entfernt, ein Mihrab eingepasst und auf die südöstliche Gebäudeecke ein Minarett aufgesetzt. Doch die byzantinische Formensprache ist ungetrübt, so fasziniert die Nordkirche mit ihrer steilen Kuppel und der auch Kuppeltambour und Apsis einschließenden Durchfensterung. Die Südkirche erweist sich als Zentralkuppelbau, dessen Außenwände bemerkenswerte variantenreiche Ziegelmuster in Form von teils vortretenden Bögen, Haken und Mäanderfriesen aufweisen. In Grabkapelle und Narthex wurden Marmorsarkophage aus christlicher Zeit gefunden und teils geborgen, teils in situ belassen.

An der Theodosianischen Landmauer – von Stadttoren und Mosaiken

Das dominierende Bauwerk im äußersten Westen der Altstadt ist die **Theodosianische Landmauer**. Das nach seinem Bauherrn, dem oströmischen *Kaiser Theodosius II.* benannte, gewaltige Bollwerk gilt als architektonische und technische Glanzleistung der Spätantike. Der dreiteilige Mauerriegel mit seiner dichten Folge trutziger Wehrtürme machte Konstantinopel 1000 Jahre lang uneinnehmbar. Erst 1453 gelang es *Sultan Mehmed II. Fatih* dank neuer Waffentechnik, die Landmauer zu bezwingen und die Stadt am Bosporus zu erobern. Der triumphale Einzug des osmanischen Herrschers führte durch die **Porta Aurea**, das *Goldene Tor*, in Sichtweite des Marmarameeres. Sie wurde im 15. Jh. der siebentürmigen Burg Yedikule, heute **Yedikule Müzesi**, angegliedert. Von dort zieht sich die abschnittsweise restaurierte Landmauer rund 7 km gen Norden bis zum Goldenen Horn hin. Stellenweise kann man auf ihr lustwandeln. Eindrucksvoll sind nicht zuletzt die **Stadttore** aus byzantinischer Zeit, die in großer Zahl erhalten blieben. In der Nähe des Stadttors *Edirnekapı* inmitten eines traditionell-bürgerlichen Wohnviertels, erhebt sich eine der bedeutendsten Sehenswürdigkeiten Istanbuls, die spätbyzantinische *Chora-Kirche*, heute als **Kariye Müzesi** zugänglich. Das Innere ist flächendeckend mit begeisterungswürdigen Mosaik- und Freskenzyklen des 14. Jh. geschmückt, die in kraftvoller und anrührend lebendiger Bildsprache Geschichten aus der Bibel erzählen. Unweit gibt es ein weiteres Meisterwerk Sinans zu bewundern, die lichtdurchflutete **Mihrimah Camii**, eine Auftragsarbeit für die Tochter *Süleymans I. des Prächtigen* von der Mitte des 16. Jh. Eindrucksvolles und Rares aus der byzantinischen Bilderwelt bewahrt noch einmal die *Pammakaristos-Klosterkirche* südlich der Landmauer. Ihr Parekklesion, heute als **Fethiye Müzesi** zu besichtigen, präsentiert einige Mosaiken des 14. Jh., die sich in Qualität und Ausdruckskraft durchaus mit denen der Chora-Kirche messen können, darunter eine schöne, stimmungsvolle Taufe Christi.

Atemberaubende Wehrtechnik, bullige Türme – die Theodosianische Landmauer

24 Theodos II. Surları
Theodosianische Landmauer

Ein Wunderwerk der Wehrarchitektur im Westen zwischen Marmarameer und Goldenem Horn.

Zwischen Yedikule im Süden am Marmarameer und Ayvansaray im Norden nahe dem Goldenen Horn

Kaiser Theodosius II. (reg. 408–450) ließ 412–422 westlich der damals bestehenden Stadtviertel an strategisch günstiger Stelle die nach ihm benannte gigantische *Landmauer* errichten, wodurch sich das bebaubare Stadtgebiet mehr als verdoppelte. Zwingender Anlass für die herkulischen Baumaßnahmen war die Völkerwanderung, in deren Verlauf Goten und Hunnen Konstantinopel massiv bedrohten. In Ergänzung zur Landmauer wurden ab 439 die *Seemauern* (nicht erhalten) am Marmarameer und am Goldenen Horn aufgeführt, sodass fortan ein kompletter Festungsring die Stadt umschloss. 447 fielen Teile der rund 7 km langen Landmauer und 57 ihrer Türme einem Erdbeben zum Opfer, doch das Bollwerk wurde unverzüglich noch größer und mächtiger

wiederaufgebaut. Es hielt zahllosen Belagerungen stand und konnte erst 1453 von *Sultan Mehmed II. Fatih* bezwungen werden. Heute sind Teile der Theodosianischen Landmauer malerisch verfallen, doch andere Partien wurden Ende des 20. Jh. eindrucksvoll rekonstruiert.

70 m breit ist der aus drei hintereinander gestaffelten Schutzsystemen bestehende Wehrgürtel. Erstes Hindernis ist ein ca. 10 m tiefer und 20 m breiter *Wassergraben*. Parallel dazu verlaufen die tonnenüberwölbten *Kasematten*. Überragt werden sie von zwei Mauerzügen: Die *Vormauer* ist 2 m breit, 8 m hoch und mit 96 Türmen bestückt. Rund 15 m weiter schwingt sich die *Hauptmauer* auf. Sie ist 5 m breit und 12 m hoch und ihre wiederum 96 Türme stehen versetzt zu denen der äußeren Mauer (d. h. alle 25–30 m ein Turm). Die ehrfurchtgebietende Phalanx der vier- bzw. achteckigen *Wehrtürme* von etwa 20 m Höhe setzt durch ihre rot-weiß gestreifte Ziegel-Haustein-Bänderung zusätzlich farbliche Akzente.

Auch die meisten der elf *Stadttore* sind erhalten, darunter (von Süd nach Nord) *Belgratkapı*, *Silivrikapı*, *Mevlanakapı* und *Topkapı*, das Kanonentor. Dessen Namen

erinnert an die 600 kg schweren Kanonenkugeln, welche die Mauern von Konstantinopel 1453 zu Fall brachten.

Stellenweise kann man entlang und sogar auf der Landmauer spazieren gehen, etwa im Norden der *Millet Caddesi* (Bus: ab Taksim 83 oder ab Eminönü 34, Haltestelle Topkapı) oder südlich des *Adnan Menderes Bulvarı* (Metro: Ulubatlı Hasan). Der alte Wehrgang ist grasüberwachsen und zwischen den teils mannshohen Zinnen schweift der Blick weit über den heute von kleinen Gemüsegärten besetzten Graben und das Häusermeer der Metropole Istanbul.

25 Yedikule Müzesi
Yedikule-Kastell

Siebentürmige Festung mit Ausblick auf Marmarameer und Landmauer.

Yedikule Meydanı, Yedikule
Di–So 9–17 Uhr
Bus: ab Taksim 80T, E50, 96T; ab Eminönü 80, 81; ab Beyazıt 80B (Haltestelle: Yedikule)

In der Spätantike gelangte man von der Adria kommend auf der römischen *Via Egnatia* (Fortsetzung der Via Appia) über den Balkan nach Byzantium. Im Jahr 390 ließ Kaiser Theodosius I. an dieser Straße mit Blick auf das Marmarameer einen *Triumphbogen* errichten. Als hier ab 412 unter seinem Nachfolger *Theodosius II.*

die Landmauer emporwuchs, wurde das Siegesmonument als *Stadttor* in die Befestigungsanlagen integriert. Das von zwei mächtigen Türmen flankierte, dreibogige Triumphtor war mit Skulpturen byzantinischer Kaiser geschmückt und seine Türen waren vergoldet, daher der Name **Porta Aurea** (Goldenes Tor). 1453 zog Sultan Mehmed II. der Eroberer durch das gleißende Tor. Vier Jahre später veranlasste er den Bau einer sternförmigen Zitadelle an dieser Stelle, die wegen ihrer **sieben Türme** Yedikule heißt. Ihre Mauern integrieren die Porta Aurea und Teile der Landmauer und umschließen einen großen fünfeckigen Burghof, von dessen einstiger Bebauung heute nur noch die Reste einer Moschee künden. Zunächst diente das Fort als Garnisonsstützpunkt, später als Schatzkammer, Staatsarchiv und Kerker. In seinen Mauern wurden bis 1835 in Ungnade gefallene Staatsbeamte, Würdenträger und ausländische Gesandte gefangen gehalten und hingerichtet.

Der Mauerring des heute als *Museum* zugänglichen Yedikule-Kastells kann bestiegen werden (Vorsicht: kein Geländer). Vom oberen Wehrgang sind zwei der bombastischen Rundtürme begehbar. Durch die düsteren Treppenhäuser gelangt man zum Ausguck mit herrlichem *Rundblick* über die Metropole, die Landmauer und hinaus aufs Marmarameer, wo zahllose Schiffe vom und zum Bosporus vorüberziehen.

Blick von der Mihrimah Camii auf den idyllischen Vorhof und die Theodosianische Landmauer

Stifterbild mit Turban – Theodoros Metochites bietet Christus ein Modell der Chora-Kirche dar

26 Mihrimah Camii
Mihrimah-Moschee

Lichte Sakralarchitektur zu Ehren von Mihrimah, der Lieblingstochter Süleymans I. des Prächtigen.

Sulukule Caddesi, Edirnekapı
Bus: ab Kadıköy 127, 500, 500A; ab Beşiktaş 28; ab Eminönü 31E, 32, 36KE, 37E, 38E, 336E, 336I, 91O; ab Vezneciler (nahe Beyazıt Meydanı) 36DV, 36C, 36V, 37C, 37Y, 38B, 39B, 86V; ab Beyazıt 36E, 37A, 38, 39, 39Ç, 75M; ab Taksim 77MT, 87

Kein Geringerer als Sinan schuf 1555–60 diese Moschee für *Mihrimah* (1522–1578), die Tochter Sultan Süleymans I. des Prächtigen. Als Standort wählte man die Anhöhe des sechsten Stadthügels neben dem *Edirnekapı*, einem Tor der Landmauer. Vorgänger der auf einem Podium gelegenen Moschee war die byzantinische *Georgskirche*. Nach Erdbebenschäden wurde der lang gestreckte *Vorhof* mit vielfach überkuppelten Arkaden im 18. Jh. erneuert, im 19. Jh. das *Minarett*. Die Moschee selbst ist ein von vier gedrungenen oktogonalen Pfeilern flankierter Zentralbau über quadratischem Grundriss. Die 37 m hohe und 20 m weite *Kuppel* ruht auf vier mächtigen Stützen. Kuppeltambour und Wände zieren 160 teilweise farbig gefasste Fenster, die den vielfach durchbrochenen Baukörper strahlend illuminieren und ihm Weite und elegante Leichtigkeit verleihen. Tragende und prägende Elemente wie Kuppel, Pendentifs, Pfeiler und Arkaden sind durch harmonisch fließende Übergänge charakterisiert, flächendeckende Arabeskenmalereien erhöhen den optischen Reiz. In dieser Kulisse kommen die feinen Marmorarbeiten des *Minbars* besonders gut zur Geltung.

27 Kariye Müzesi
Chora-Kirche

Die ergreifenden Mosaike und Fresken mit Szenen aus dem Leben Jesu und Mariens zählen zu den Glanzlichtern Istanbuls.

Kariye Camii Sokak, Edirnekapı
Tel. 02 12/631 92 41
Do–Di 9–16 Uhr
Bus: ab Kadıköy 127, 500, 500A; ab Beşiktaş 28; ab Eminönü 31E, 32, 36KE, 37E, 38E, 336E, 336I, 91O; ab Vezneciler (nahe Beyazıt Meydanı) 36DV, 36C, 36V, 37C, 37Y, 38B, 39B, 86V; ab Beyazıt 36E, 37A, 38, 39, 39Ç, 75M; ab Taksim 77MT, 87 (Haltestelle: Edirnekapı)

Nördlich von Edirnekapı erhebt sich innerhalb der Landmauer die **Chora-Kirche**, eines der wichtigsten byzantinischen Baudenkmäler Istanbuls, das seine Schätze heute als **Kariye-Museum** präsentiert.

Schon im 4. Jh. stand an dieser Stelle eine kleine Klosterkirche, damals noch weit außerhalb des Stadtgebiets, weshalb sie den Namen *Chora* (auf dem Land) erhielt. Um 1080 legte *Maria Doukaina*, die Schwiegermutter von Kaiser Alexios I. Komnenos, den Grundstein für ein größeres Gotteshaus. Doch schon im frühen 12. Jh. zwangen Erdbebenschäden zur Erneuerung. Es war Alexios' Sohn, *Isaak Komnenos*, der den Neubau als Kreuzkuppelkirche mit Narthex, kurzen Querarmen und breiter Chorapsis konzipieren ließ. Im 14. Jh. trat dann der kaiserliche Schatzmeister **Theodoros Metochites** (1270–1332) als Bauherr für Modernisierungsmaßnahmen auf, die 1315–21 erfolgten. Damals kamen der L-förmige *äußere Narthex* sowie die südöstlich anschließende Grabkapelle, das *Parekklesion*, hinzu. Krönender Abschluss der Arbeiten war die Ausschmückung der Kirche mit den heute weltberühmten **Mosaiken** und **Fresken**. Erst 1511, unter *Atik Ali Paşa*, wurde die Kirche in eine **Moschee** umgewandelt und fortan *Kariye* genannt. Der damals übertünchte Bildschmuck wurde ab 1948 wieder freigelegt und die Kirche zum Museum erklärt.

Der Bilderzyklus nimmt ob seines Umfangs und seiner künstlerischen Qualität eine hervorragende Stellung in der Kunstgeschichte ein und wird den Mosaikzyklen der venezianischen Markuskirche und des Doms von Monreale auf Sizilien als gleichrangig an die Seite gestellt. Die hiesigen goldgrundigen Mosaiken und farbenfrohen Fresken schildern Schlüsselszenen der Bibel: Menschwerdung und Wunder Jesu, das Jüngste Gericht und Erlösung des Menschen sowie die Vita Mariens, wobei auch apokryphe (d. h. außerkanonische) Episoden illustriert werden. Die ausdrucksvollen Kompositionen im Stil der *Palaiologischen Renaissance* (spätbyzantinische Epoche, etwa 1204–1453) begeistern durch ihre festlich-lebhafte Bildsprache, in der sich lyrische Ergriffenheit und genrehafte Erzählfreude vereinen. Hinreißend sind nicht zuletzt die Landschaftsprospekte und Architekturkulissen, die kostbaren, kunstvoll gefältelten Gewänder und erlesenen Requisiten.

Auftakt des Bildprogramms im **äußeren Narthex** (Exonarthex) sind das Mosaik der *Muttergottes* zwischen Engeln in der Lünette über dem Eingang und das Bild des segnenden *Christus Pantokrator* (Weltenherrscher) gleich gegenüber. Beide Darstellungen tragen Inschriften, die enge Bezüge zur Chora-Kirche knüpfen: Christus wird als Land der Lebenden *(chora ton zonton)* tituliert, Maria als Land des Unermesslichen *(chora tu achoritu)*. Die Heilsgeschichte beginnt im *Nordflügel* mit einer lieblich-bewegten *Geburt Christi*, gefolgt von Episoden aus Kindheit und Jugend. So sieht man den Traum Josephs, Christus bei den Schriftgelehrten und den zwölfjährigen Jesus im Tempel. Darstellungen der Wunder Christi, darunter die Brotvermehrung und die Heilung eines Aussätzigen, geleiten in den *Südflügel* über. Faszinierend sind hier der auf vier Episoden ausgedehnte *Kindermord in Bethlehem* und die *Flucht nach Ägypten* mit der verzagt blickenden Maria auf ihrem Esel, der in anmutigem Trab über dem Boden schwebt.

Höllenfahrt Christi – als Sieger über den Tod zieht er Adam und Eva aus den Gräbern

Heilige im Sucher – Fotografin unter der Marienkuppel im Parekklesion der Chora-Kirche

Beim Betreten des **inneren Narthex** (Esonarthex) fällt der Blick als erstes auf das *Stifterbild* über dem Eingang zum Hauptraum. Dieses Mosaik zeigt den festlich gewandeten Bauherrn Theodoros Metochites mit spektakulärem ballonartigen Turban. Er liegt vor dem thronenden Christus auf den Knien und bietet ihm ein Modell der Chora-Kirche dar.

Sein Vorgänger als Kirchenstifter, Isaak Komnenos, ist weiter rechts in der *Deesis* dargestellt. Dem Christus als Weltenrichter am Jüngsten Tag ist Maria als Fürbitterin der Seelen an die Seite gestellt. Der zweite Fürbitter, Johannes der Täufer, fehlt. Dafür erscheint zu Füßen Mariens Isaak, zu Seiten Christi Maria Despina Palaiologina, die Mongolenkönigin.

Über der Deesis öffnet sich die gleichfalls goldüberstrahlte *Südkuppel* mit Christus Pantokrator im Zenit. In den 24 Kuppelrippen erscheinen in zwei Reihen übereinander die Vorfahren Christi von Adam bis zu Jakob und seinen zwölf Söhnen. Diese Genealogie markiert den Schlusspunkt des Christuszyklus'.

Kulminationspunkt des Marienzyklus' sind die Mosaiken der *Nordkuppel* mit der Gottesmutter im Zentrum. In zwei Zonen darunter bevölkern weitere Vorfahren aus dem Hause David das Kuppelrund. Unter den Episoden aus dem Marienleben im *Nordflügel* fallen die Geburt Mariens, Maria im Tempel und Mariä Verkündigung besonders ins Auge.

Im **Hauptraum** (Naos) sind drei Darstellungen erhalten, die monumentalen Mosaikikonen des *Christus Pantokrator* und der *Maria Hodegetria* im Osten und über dem Eingangsportal im Westen der sehr anrührende *Marientod*. Christus erscheint hinter der verblichenen Maria und hält ihre Seele als gewickeltes Kind auf seinen verhüllten Händen, trauergebeugte Apostel und Heilige umringen das Totenlager, ihre Mienen und Gesten bringen die Wehklage zum Ausdruck.

Das als Grabkapelle dienende **Parekklesion** betritt man vom Südende des Exonarthex durch Tripelarkaden. Der vor dunklem Hintergrund wie magisch aufleuchtende feinsinnige Freskenschmuck hat Auferstehung und Jüngstes Gericht zum Hauptgegenstand. Doch zunächst zeigen die wunderschönen *Kuppelbilder* eine liebliche Maria mit Kind, umgeben von lyrisch gestimmten Engeln in hauchzart-schimmernden Gewändern. Das *Weltgericht* mit der Scheidung von Seligen und Verdammten leitet über zur Apsis, wo die Höllenfahrt Christi, die *Anastasis*, im Fokus steht. Die Komposition begeistert durch die surrealistisch überzeichnete Verve der Hauptszene, in der Christus als Sieger über den Tod die Tore der Hölle zerbricht und Adam und Eva aus ihren Gräbern zieht. Weiter unten erscheinen die Kirchenväter, von würdigem Ernst gezeichnete Figuren mit herrlichen abstrakt-großgemusterten Gewändern.

Blaherna Sarayı

Auf das 5. Jh. gehen die Reste des **Blachernen-Palastes** zurück, welche sich nicht weit vom Kariye Müzesi auf dem sechsten Stadthügel erheben. In aussichtsreicher Lage über dem Goldenen Horn wurde das zunächst bescheidene Anwesen um die Blachernen-Kirche, heute *Ivaz Efendi Camii*, errichtet. Im 12. Jh. wurde es zum kaiserlichen Palastviertel ausgebaut und war bis zur osmanischen Eroberung 1453 bewohnt. Erhalten sind lediglich ein mächtiger rot-weiß akzentuierter Gebäudekubus und der einst zum Palastkomplex gehörende Turm des *Anemas*, der als *Gefängnis* diente.

Tekfur Sarayı

Der spätbyzantinische Tekfur- oder **Porphyrogennetos-Palast** wurde Ende des 13. Jh. als Teil des Blaherna Sarayı errichtet. Er trägt den Namen des Bauherrn, *Konstantin Palaiologos Porphyrogennetos* (›der Purpurgeborene‹), Sohn von Kaiser Michael VIII. (1224/25–1282). Nach der Eroberung Konstantinopels 1204 residierten hier die lateinischen Kaiser, worauf sich auch die türkische Bezeichnung Palast des Kaisers bezieht. Ab 1453 diente das Anwesen dann als Freudenhaus oder Keramikbrennerei, seit dem 17. Jh. war es dem Verfall preisgegeben. Die Jahre überdauert haben ein Arkadenhof und eine dreistöckige fensterreiche Fassade aus Lagen von rotem Backstein und weißem Marmor.

28 Fethiye Müzesi
Pammakaristos-Klosterkirche

Meisterwerke der Mosaikkunst in schöner byzantinischer Architektur.

Fethiyekapısı Sokak, Çarşamba
Besichtigung nur mit Erlaubnis des Museumsdirektorats der Hagia Sophia, Tel. 02 12/522 17 50
Schiff: ab Eminönü Richtung Eyüp (Haltestelle: Fener)

Von der Fährstation Fener erreicht man das Fethiye Müzesi in etwa 30 Min. zu Fuß. Etwas versteckt hinter dem mächtigen Ziegelbau der Schule *Özel Fener Rum Erkek Lisesi* erhebt sich die mehrkuppelige Panaghia-Pammakaristos-Klosterkirche, **Pammakaristos Manastırı**. Sie ist der Theotokos Pammakaristos, der allerseligsten Gottesgebärerin, geweiht.

Johannes Komnenos und seine Gattin Anna Doukaina ließen den Bau wohl im 12. Jh. als Umgangskirche über einer Zisterne errichten. Ein Neubau entstand um 1310 im Auftrag von Michael Glabas und seiner Ehefrau Maria Doukaina, die auch im Süden das Parekklesion als Grabkapelle anbauen ließen. Nach der osmanischen Eroberung Konstantinopels blieb die christliche Funktion bestehen, 1455 nahm hier sogar das griechisch-orthodoxe Patriarchat seinen Sitz. 1591 ließ Murad III. die Hauptkirche im Norden des Gebäudekomplexes anlässlich seiner Siege in Georgien und Aserbaidschan zur **Fethiye Camii**, zur Moschee der Eroberung, um-

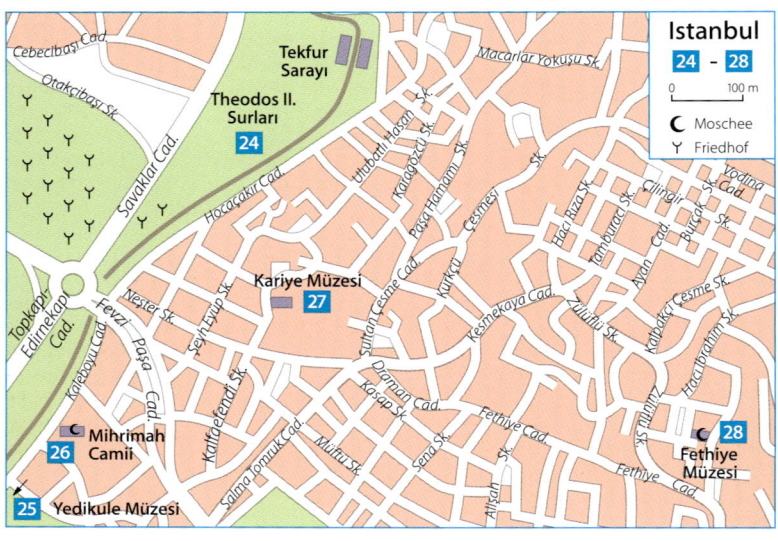

Byzantinisches Kleinod – die Pammakaristos-Klosterkirche mit ihren anmutigen Mosaiken

wandeln. Diese Funktion erfüllt das Bauwerk noch heute.

Das **Parekklesion** allerdings ist seit dem Jahr 1949 Museum und bewahrt herrliche byzantinische *Mosaiken* aus dem 14. Jh., die sich in Qualität und Ausdruckskraft durchaus mit denen der Chora-Kirche [s. S. 69] messen können. Im Zenit der goldgrundigen *Kuppel* erscheint der *Christus Pantokrator*. Die Kuppelschale darunter schmückt ein Reigen gravitätisch gestikulierender Propheten. Aus der *Apsis* leuchtet eine *Deesis* mit thronendem Christus, flankiert von Maria und Johannes dem Täufer. In den seitlichen Kreuzgewölben wiederum erscheinen die vier *Erzengel* mit liebreizenden Gesichtern. Glaubensstrenge prägt die Mienen der Bischöfe, Kirchenväter und Mönche, deren Gestalten kunstvoll in die Seitenjoche und Gurtbögen eingepasst sind. Erzählerisches Glanzstück aber ist die *Taufe Christi* an der Schildwand rechts der Kuppel. Zierlich steht der nackte Jesus im Fluss zwischen Fischen und Allegorien von Jordan und Meer. In spannungsvoller Würde beugt sich Johannes vom linken Ufer tief zum Täufling hinab, während rechts eifrige Engel die Gewänder des Erlösers bereithalten.

Am Goldenen Horn – Tulpen und Gewürze, Hafenflair und Orient Express

Der Wasserarm, der von Nordwesten her in den Bosporus fließt, heißt Goldenes Horn, türkisch **Haliç**. Es durchtrennt den *europäischen Teil* Istanbuls auf einer Länge von etwa 10 km. Seinen Namen erhielt der in weiten Kehren ausgreifende, bis zu 800 m breite *Meeresarm* vermutlich, weil seine Wasser im Licht der untergehenden Sonne wie flüssiges Gold schimmern.

Das Goldene Horn, ein natürlicher **Binnenhafen**, wurde von jeher als Ankerplatz genutzt. In byzantinischer Zeit wurde auf Höhe des späteren Galataturms nachts und in Kriegszeiten eine *eiserne Kette* quer über die Mündung gespannt, um die Zufahrt zu schützen. Tatsächlich konnte die Sperre in all den Jahrhunderten nur einmal überwunden werden. Im Jahr 1204 gelang es den **Kreuzfahrern**, sie mittels eines Rammbocks zu sprengen. Bei der osmanischen Eroberung Konstantinopels 1453 dagegen ließ *Sultan Mehmed II. Fatih* seine Schiffe über Land schleppen, um die Absperrung zu umgehen.

Viele Jahrhunderte lang machten Kriegs- und Handelsschiffe ausschließlich am befestigten südlichen Ufer fest. Seit sich im 11. Jh. Venezianer, ab dem 12. Jh.

auch Genuesen und andere europäische Handelsmächte in der Stadt niederließen, diente auch das Nordufer als Anlegestelle und Warenlager, später als bevorzugter Werft- und Industriestandort. Als direkte Verbindung zwischen den beiden europäischen Teilen Istanbuls, zwischen Eminönü und dem Galataviertel, dient seit Mitte des 19. Jh. die **Galatabrücke**. Das südliche Ufer rund um die Brücke ist heute geprägt vom zentralen Fähranleger der Stadt und vom beeindruckenden Kuppelbau der **Yeni Camii**, der Neuen Moschee. Mit ihrem kunstvollen Reinigungsbrunnen im Vorhof und der exquisiten Kachelauskleidung im Inneren gehört sie zu den besonders sehenswerten Bauwerken Istanbuls. Konkurrenz macht ihr in unmittelbarer Nähe die faszinierende **Rüstem-Paşa-Moschee**, denn sie birgt wunderschöne Fliesen mit vielfälti-

Blick von der Restaurant-Etage der Galatabrücke auf die Yeni Camii in Eminönü

gem Tulpendekor. Zwischen beiden Sakralbauten sind im **Ägyptischen Basar**, dem *Mısır Çarşısı*, alle Gewürze des Orients kunstvoll aufgetürmt – ein Fest für die Sinne. Nur ein Stück weiter östlich empfängt der **Sirkeci Garı** wie zu Zeiten Agatha Christies, als der legendäre *Orient Express* (1888–1977) mit zumeist illustren Gästen an Bord aus Paris kommend Istanbul erreichte, Zugreisende mit stilvollem, wenngleich leicht verblichenem Jugendstil-Charme.

Schöne Ausblicke bietet ein **Bootsausflug** entlang des Goldenen Horns. Die öffentliche Fähre tuckert ab Eminönü westwärts bis Eyüp, vorbei an etlichen Sehenswürdigkeiten. Hüben wie drüben zieht sich die verschachtelte *Silhouette* des alten Istanbul malerisch hügelan. Im Norden überragt der Galataturm das Häusermeer, im Süden finden sich jenseits eines baumbestandenen Grünstreifens und der viel befahrenen Uferpromenade in den Stadtvierteln Balat und Fener noch zahlreiche osmanische Holzhäuser. Am einst industriell geprägten Nordufer haben inzwischen einige alte Fabriken und Lagerhallen eine neue Bestimmung gefunden. Hier kann man museale Highlights entdecken, darunter das **Rahmi-M.-Koç-Technikmuseum**. Sein bemerkenswertestes Exponat ist ein im Goldenen Horn vor Anker liegendes imposantes U-Boot. Weniger technisch geht es im **Miniaturk** zu, das die bedeutendsten Attraktionen der Türkei und Istanbuls im Liliputformat nachbildet. Etwas weiter landeinwärts ermöglicht das in einem stillgelegten Elektrizitätswerk untergebrachte **Santral Istanbul Kunstmuseum** spannende Einblicke in die aktuelle Kreativszene der Türkei.

An der Endstation der Fähre, in Eyüp, kann man den Moscheenkomplex der **Eyüp Sultan Camii** mit dem Grab des Fahnenträgers des Propheten Mohammed, *Abu Ayub al-Ansari*, besuchen. Abschließend bietet sich ein Spaziergang auf den benachbarten *Friedhofshügel* an. In dem lauschigen zypressenbestandenen Areal lädt das **Piyer Loti Kahvesi** zur Rast bei Tee und Gebäck ein, mit herrlichem Blick über das Goldene Horn.

29 Sirkeci Garı
Bahnhof Sirkeci

Stilvolles Bahnhofsgebäude für die illustren Gäste des Orient Express'.

Sirkeci Istasyon Caddesi, Sirkeci
Straßenbahn: Sirkeci

Die tiefschwarze Lokomotive von 1874, die vor dem Bahnhof Sirkeci steht, fungiert als stolzes Aushängeschild, denn dieser Ort war für die Geschichte der Eisenbahn sehr bedeutsam: Hier kam fast 90 Jahre lang, 1888–1977, der berühmte **Orient Express** aus Paris an. Die rund 2000 km lange Strecke führte zunächst über Wien, Budapest und Bukarest, später über Venedig, Belgrad und Sofia. Seit Eröffnung der Bahnlinie nutzten Staatsoberhäupter, Schriftsteller, Schauspieler und Abenteuerlustige den Zug, unter ihnen Boris III. von Bulgarien, Agatha Christie, Mata Hari und Graham Greene.

Um in Istanbul einen stilvollen Rahmen für die Reisenden bereitzustellen, ließ Sultan Abdülhamid II. 1890 nahe dem Zusammenfluss von Goldenem Horn und Bosporus einen repräsentativen Bahnhof errichten. Der Berliner Architekt *August Jasmund* schuf ein lang gestrecktes, aus weißem Marmor und roten Ziegeln bestehendes Gebäude, in dem europäische Jugendstil-Einflüsse und orientalische Architekturelemente zusammenwirken. So wird der vorspringende Mittelrisalit mit schöner Fensterrosette von zwei schlanken, an Minarette erinnernde Uhrtürmchen flankiert.

Der heutige Haupteingang des Bahnhofs befindet sich in einem modernen schmucklosen Anbau. Gegenüber der Bahnschalter führt eine Flügeltür in die *Event Hall*, in der die **Tanzenden Derwische** (Tel. 0212/458 88 34, Di, Do, Sa/So 19.30 Uhr) des *Galata Mevlevihanesi Müzesi* [s. S. 90] ihre meditativen Drehtänze vorführen.

30 Eminönü Vapor Iskelesi
Fähranleger Eminönü

Geschäftiges Treiben an den Fähranlegern rund um die Galatabrücke für Fahrten auf dem Goldenen Horn.

Straßenbahn und Schiff: Eminönü

Am Südufer des Goldenen Horns rund um die Galatabrücke befinden sich verschiedene Schiffsanlegestellen. Am Kennedy Caddesi legt die von der asiatischen Seite Istanbuls, aus den Vierteln Kadıköy und Moda kommende *Autofähre* an. Auf der linken Seite folgt der geschäftige Passagierfährhafen Eminönü Vapor Iskelesi, der wichtigste innerstädtische Anleger. Hier laufen die **Fährlinien** der Stadt zusammen, die Eminönü mit Kabataş und Üsküdar, mit Beşiktaş, Ortaköy und Bebek verbinden, hier starten aber auch die Schiffe zur *Bosporusfahrt* [s. S. 110]. Entsprechend groß ist das Gewimmel am Kai, an dem fliegende Händler, Eis- und Ticketverkäufer, Ausrufer und Schlepper um Aufmerksamkeit heischen. Auf der westlichen Seite der Brücke schließlich

Wo einst der Orient Express durchschnaubte, tanzen heute Derwische – Bahnhof Sirkeci

Prunkbarke statt Imbissbude – die Fischspezialität Balik Ekmek wird in Eminönü zelebriert

legen jene Boote ab, die das Goldene Horn aufwärts Richtung *Eyüp* fahren (Haliç Hatti, Golden Horn Line zwischen Üsküdar und Eyüp).

Am Kai beidseits der Galatabrücke hat man übrigens Gelegenheit, eine kulinarische Spezialität Istanbuls zu kosten, *Balik Ekmek*, Fischbrötchen. Von schwankenden Restaurantschiffen aus wird der leckere Imbiss verkauft.

31 Galata Köprüsü
Galatabrücke

Die berühmte Brücke ist ein fulminanter Aussichtspunkt.

Straßenbahn und Schiff: Eminönü, Karaköy

Einer der schönsten Panoramablicke auf Istanbul bietet sich von der Galatabrücke, die nahe der Mündung in den Bosporus über das Goldene Horn führt. Richtung Norden überragt der Galataturm [s. S. 89] das Häusermeer am steilen Hügel von Karaköy. Und Richtung Süden öffnet sich ein Bilderbuchblick auf die Altstadt von Istanbul mit den imponierenden Silhouetten von Fatih Camii, Süleymaniye und Sultan-Ahmet-Moschee. Direkt am Flussufer, oberhalb der Galatabrücke, erhebt sich die Yeni Camii mit ihrer bewegten Kuppellandschaft. Weiter links sieht man den Gülhane-Park, einige der spitzkege-

ligen Schornsteine des Topkapı-Palastes sowie die Hagia Sophia mit ihrer gewaltigen Kuppel und den vier Minaretten.

Blick vom Galataturm auf die Galatabrücke und die Fähranleger von Eminönü

Sanfte Farben, zarte Muster, melodische Formen – die Kuppellandschaft der Yeni Camii

Eine erste Brücke an dieser Stelle, an der in byzantinischer Zeit mithilfe der eisernen Kette die Einfahrt ins Goldene Horn kontrolliert wurde, ließ *Bezmialem Valide Sultan*, die Mutter von Sultan Abdülmecid I., 1845 aus Holz errichten. Neubauten waren in kurzer Folge 1863 und 1877 nötig. 1910–12 konstruierte die deutsche Firma MAN eine gusseiserne Version. Als sie dem Verkehrsaufkommen nicht mehr gewachsen war, wurde sie durch die 1992 eröffnete neue Galatabrücke ersetzt. Die sechsspurige Überführung, eine türkisch-deutsche Koproduktion, ist in der Mitte als Klappbrücke ausgebildet, sodass auch große Schiffe passieren können. Beidseits der 80 m breiten Fahrrinne ruht die Brücke stabil auf 114 tief im Flussbett verankerten Pfeilern.

Ungeachtet des Verkehrsstroms in ihrer Mitte ist die 465 m lange und 42 m breite Galatabrücke mit ihren weiten Bürgersteigen eine beliebte Flanierstrecke. Ein zweites *Fußgängergeschoss* ist unterhalb der Fahrbahn eingezogen. Hier bieten mehrere Restaurants Fisch und Meeresfrüchte an, man kann aber auch einen Tee trinken, eine Nargileh, eine Wasserpfeife, rauchen oder ein kleines Tavli-Spiel, die türkische Form von Backgammon, wagen.

32 Yeni Camii
Neue Moschee

 Beeindruckende Dachlandschaft aus Kuppeln und Halbkuppeln am Ufer des Goldenen Horns.

Yeni Camii Meydanı, Eminönü
Straßenbahn und Schiff: Eminönü

Anders als die meisten großen Moscheen Istanbuls liegt die Yeni Camii, die Neue Moschee, nicht auf einem Hügel, sondern unweit der Galatabrücke am Ufer des Goldenen Horns. Sie wurde 1597 nach Plänen des Sinan-Schülers *Davut Ağa* im Auftrag von *Safiye Valide Sultan*, Mutter Mehmeds III., begonnen. Nach einem längeren Baustop konnte der Komplex erst 1663 unter *Turhan Hattice*, Mutter von Mehmed IV., vollendet werden.

Die Moschee mit ihrer bewegten Dachlandschaft aus 66 Kuppeln und Halbkuppeln und den beiden mit jeweils drei Balkonen ausgestatteten schlanken Minaretten präsentiert sich in dominanter Position am Wasser und beherrscht zugleich den großen Platz *Yeni Camii Meydanı*. Zusätzliche Höhe gewinnt sie durch ihren Sockel, sodass der Besucher zu jedem der drei Tore einige Stufen hinaufsteigen muss. Der quadratische **Vorhof** von 39 m Seitenlänge wird von Arkadengängen eingefasst. Sie bilden den Rahmen für den achteckigen *Reinigungsbrunnen*, welcher durch filigrane Marmorgitter und kalligraphische Steinmetzarbeiten über den Wasserspeiern besticht.

Die gleichfalls quadratische **Moschee** (41 x 41 m) folgt den klassischen Bauprinzipien: Die Last der 36 m hohen *Zentralkuppel* wird verteilt auf vier Halbkuppeln sowie vier mächtige Pfeiler, die sog. Elefantenfüße. Der weite Raum ist bis in die Bogenfelder des Arkadenumgangs verschwenderisch mit **Iznik-Fliesen** [s. S. 80] ausgestattet, die durch üppiges Blumendekor und kunstfertige Kalligraphie begeistern. Den ebenfalls mit Kacheln ausgekleideten *Mihrab* überfängt ein kunstvoll gemeißeltes Stalaktitengewölbe. Rechts davon erhebt sich der *Minbar*, dessen konisch zulaufender Baldachin von zwei zierlichen Säulen getragen wird. Auf der Empore östlich vom Mihrab ist die nicht einsehbare *Sultansloge* eingerichtet, die einen eigenen Zugang auf der Südostseite der Moschee besaß.

Hinter der Yeni Camii birgt eine schlichte **Türbe** das Grab der Stifterin Turhan Hattice Valide Sultan. Auch ihr Sohn Sultan Mehmed IV. sowie spätere Herrscher wie Ahmet III. und Murad V. wurden hier beigesetzt.

33 Mısır Çarşısı
Ägyptischer Basar

TOP TIPP *Kunterbunte Gewürze, Düfte und Kräuter aus aller Welt in einer alten Karawanserei.*

Yeni Camii Meydanı, Eminönü
Mo–Sa 8–19 Uhr
Straßenbahn und Schiff: Eminönü

Die beiden langen, rechtwinklig aneinandergefügten Backsteinbauten des Mısır Çarşısı wurden 1663 als **Karawanserei** errichtet und gehörten damals zur Külliye der Yeni Camii [s. S. 78]. Im Schutz ihrer Mauern konnten Händler nächtigen, ihre Waren lagern und ihren Geschäften nachgehen. Als im 18. Jh. die Zeit der großen Karawanen zu Ende ging und Frachten verstärkt per Schiff angelandet wurden, funktionierte man die Karawanserei zum Ägyptischen Basar um. Mit seinen etwa 100 kleinen Läden entführt er noch heute in eine Welt voller exotischer Gerüche und üppiger Farben: Orientalische **Ge-**

würze, Blüten, Blätter, Wurzeln, Nüsse, Samen, Tees und Pülverchen sind hier ebenso adrett wie wagemutig in buntem Farbenspiel nebeneinander aufgehäuft. Diskret werden neben rotem Paprika und gelbem Safran, neben iranischem Kaviar, zerstoßenen Teufelsabbiss-Wurzeln und Rosenöl traditionellerweise auch allerlei **Heilkräuter** sowie Mittel gegen die ›Monotonie des Bettlebens‹ (Edmondo d'Amicis, 1846–1908) angeboten. Faszinierend sind auch die **Parfümläden**, in denen alle Düfte dieser Welt versammelt sind und angeblich jeder Designerduft aus vorhandenen Ingredienzen selbst gemischt werden kann. Daneben locken türkischer Honig, Trockenfrüchte, Schafskäse und Öle, aber auch Blumen und Schmuck, Souvenirs und Modewaren.

Rechts am Ägyptischen Basar vorbei ist man in wenigen Schritten mitten im Getümmel des **Hasırcılar Çarşısı**, des sog. Marktes der Strohmattenweber. Eine wahre Institution ist hier der Kaffeehändler *Kurukahveci Mehmet Efendi* (Tahmis Sokak 66, Tel. 0212/511 42 62, www.mehmetefendi.com), den man sowohl am unwiderstehlichen Aroma frisch gerösteter Kaffeebohnen als auch an der langen Schlange von Käufern vor der Fenstertheke des Eckhauses erkennt.

Märchenland der Sinne – Gewürze und Düfte des Orients versammelt der Ägyptische Basar

Fliesenbilder der Rüstem-Paşa-Moschee, ein ewig blühender Paradiesgarten

Iznik-Fliesen – leuchtend schön wie Edelsteine

Was wären die osmanischen Bauwerke Istanbuls ohne ihren Kachelschmuck? Diese überwältigenden Zeugnisse orientalischer Dekorationskunst verzaubern Moscheen und Paläste, begeistern das Auge mit exotischen Blattformen und Knotendekoren, mit zierlich blühenden Tulpen, Hyazinthen, Pfingstrosen, Chrysanthemen und Nelken.

Quelle der Kachelkreativität war **Iznik** (das antike Nicäa), ein Ort etwa 200 km südöstlich von Istanbul. Durch die Anbindung ans Osmanische Reich 1331 erlebte die lokale **Keramikproduktion** einen Aufschwung. Als fruchtbar erwiesen sich die Handelsbeziehungen zu Persien, wo dieses Kunsthandwerk bereits seit dem 5. Jh. gepflegt wurde. Die Töpfer von Iznik entwickelten alsbald eigenständige Stilformen, ein elegantes Übermaß an floralen und geometrischen Mustern mit effektvoll eingesprengten Kalligraphien. Die Farbgebung war zunächst überwiegend **Blau**, später kamen auch Grün und Gelb hinzu. Ab dem 15. Jh. arbeitete man in Iznik mit der **Unterglasur-** oder **Fayence-Technik**, die den Werkstücken Glanz und große Haltbarkeit verlieh.

Ihre **Blüte** erreichte die Izniker Keramik im 16. Jh. *Sultan Selim I. der Ge-strenge* (1470–1520) hatte nach der Eroberung der persisch-seldschukischen Stadt Täbriz 1514/15 von dort etwa 500 Handwerker nach Iznik umsiedeln lassen. Mit den persischen Töpfern zog ein neuer Farbton in die Fliesenkunst ein. Für dieses kräftige strahlende **Bolus-Rot** wurde eisenoxidhaltige Tonerde verwendet. Die ersten Fliesen dieser Art fanden 1555 bei der Verkleidung des Mihrabs in der Istanbuler *Süleymaniye* Verwendung. Während dieser Hochphase waren die Kunsthandwerker fast rund um die Uhr beschäftigt, den enormen Bedarf an Tellern, Schüsseln, Vasen, Kerzenständer und vor allem Kacheln zu decken. Doch dann wendete sich das Blatt. 1609–16 wurde in Istanbul die *Sultan-Ahmet-Moschee* errichtet und mit rund 21 000 Fliesen dekoriert. Diese Mammutproduktion kam nur zustande, weil der Sultan den Werkstätten verbat, andere Aufträge anzunehmen. Dies und die schlechte Bezahlung hatte ein Erlahmen des Berufsinteresses zur Folge und viele Keramiker sattelten auf andere Berufe um. Der Niedergang war besiegelt. Heutzutage jedoch bemühen sich Kunsthochschulen und Werkstätten intensiv um die Wiederbelebung der Fliesenproduktion.

Die **Herstellung** der Izniker Keramik erfordert großes handwerkliches und technisches Geschick. Der hohe Quarzanteil von 75–80 % macht die Töpferware besonders hart und widerstandsfähig. Um die **Glasuren** haltbar zu machen, werden sie bei Temperaturen zwischen 900 °C und 2000 °C gebrannt. Das Prozedere erfordert viel Erfahrung, denn je nach verwendeten Farben und Glasuren sind unterschiedlich lange und intensive **Brennvorgänge** nötig. Aufwendig dekorierte Stücke werden bis zu drei Mal bemalt, glasiert und gebrannt. Die Produktion einer Fliese kann so bis zu 70 Tage dauern, ungeachtet einer durchschnittlichen Größe von lediglich 24 x 24 cm. Eine exquisite Wirkung erzielt übrigens die letzte, opake Glasur, die das einfallende Licht stark bricht und so die Farben und Motive plastisch zur Geltung bringt. Fachleute vergleichen die Anmutung von Iznik-Keramik mit **Edelsteinen**, und tatsächlich schimmern ihre Farben auf dem weißen Hintergrund wie Lapislazuli, Türkis, Koralle und Smaragd.

34 Rüstem Paşa Camii
Rüstem-Paşa-Moschee

> **TOP TIPP** *Die märchenhaft schönen Kacheln der Moschee sind ein blaues Bilderbuch mit 100 verschiedenen Tulpen.*

Hasırcılar Çarşısı/Uzunçarşı Caddesi/
Kutucular Caddesi, Eminönü
Straßenbahn und Schiff: Eminönü

Wenige Hundert Meter weiter rechts hat man dann die berühmte Rüstem Paşa Camii erreicht. Auftraggeber dieser Moschee war der aus Sarajewo stammende Großwesir *Rüstem Paşa*, Gatte der Prinzessin Mihrimah und Schwiegersohn von *Sultan Süleyman I. dem Prächtigen*. Als Baumeister verpflichtete er den genialen **Sinan** [s. S. 56], der in nur zwei Jahren, 1561–63, ein Meisterwerk schuf und das auf engstem Raum: Inmitten des schon damals dicht gedrängten Marktes entstand zunächst ein Sockel, der zum einen Platz bot für Lagerräume und Handwerksbetriebe und zum anderen das Podest für die so über dem Alltagsgetümmel thronende Moschee bildete. Ein enger Treppengang führt von der Marktgasse zu ihr hinauf.

Der imposante Sakralbau ist nach dem **Achtstützensystem** gegliedert: die Zentralkuppel und die vier über Eck stehenden Halbkuppeln ruhen auf vier freistehenden Pfeilern sowie auf je zwei in die Nord- und Südwand integrierten Stützen.

Schon im *Vorhof*, an der Hauptfassade der Moschee, entfaltet sich jene atemberaubende **Fliesenpracht**, für die der Bau berühmt ist. Das *Innere* aber ist bis hinauf in die obere Fensterzone, auch auf Bogenlaibungen, Säulenschäften und am Mihrab mit kostbarsten Iznik-Kacheln geschmückt. Die glatte kühle Keramik gleicht einem orientalischen Teppich aus fein ziselierten Ornamenten, geometrischen Mustern und bezauberndem Blumendekor. Man bewundert allerlei exotisches Blattwerk und grazile Blüten, vor allem bildschöne Tulpen in vielfältigen Variationen. Experten haben mehr als 100 verschiedene Tulpentypen identifiziert, mal feinblättrig, mal feurig, in rot, blau und weiß, mit offenen und geschlossenen Blüten.

Oben: *Auch die Vorhalle der Rüstem-Paşa-Moschee ist mit Iznik-Kacheln dekoriert*
Rechts: *Oldtimer zu Wasser und zu Lande im Rahmi-M.-Koç-Technikmuseum*

35 Rahmi M. Koç Müzesi
Rahmi-M.-Koç-Technikmuseum

Technikmuseum mit Starfightern, U-Booten und Oldtimern.

Hasköy Caddesi 5, Hasköy
Tel. 0212/369 66 00
www.rmk-museum.org.tr
Di–Fr 10–17, Sa/So 10–19 Uhr
Bus: ab Eminönü 47, ab Taksim 54HT
(Haltestelle: Hasköy Parkı)
Schiff: Haliç Hattı (Haltestelle: Hasköy)

Auf der Fahrt entlang des Goldenen Horns passiert man linker Hand die ungewöhnliche **Bulgar Ortodoks Kilisesi**. Ungewöhnlich deshalb, weil der weiße neo-

Miniaturk – die Architekturdenkmäler Istanbuls und der Türkei im Liliputformat

gotische Bau aus dem späten 19. Jh. aus Gusseisenplatten besteht, die in Wien gefertigt und vor Ort zusammengesetzt wurden. Im Volksmund wird die bulgarisch-orthodoxe Kirche St. Stephan deshalb auch ›Eiserne Kirche‹ genannt.

Das gegenüberliegende Ufer war noch bis ins 20. Jh. hinein ein wichtiger Industriestandort. Hier drängten sich Werften und Eisen verarbeitende Betriebe, an zahllosen Kais be- und entluden Schiffe ihre Fracht. Heute sind die Werften geschlossen, und die Industrieproduktion ist an den Stadtrand verbannt. Am Goldenen Horn blieben nur die Hallen zurück, vielfach ungenutzt und oft verfallen.

Eine neue Bestimmung gefunden hat das Gelände einer aus dem 18. Jh. stammenden Eisenfabrik für die Herstellung von **Schiffsankern**. Hier, am Ufer des Goldenen Horns nahe dem Fähranleger Hasköy, wurde 1994 das Rahmi-M.-Koç-Museum zur *Geschichte von Transport, Industrie und Kommunikation* eröffnet. Den Kern der Ausstellung bildet die Sammlung des technikbegeisterten Industriellen Rahmi M. Koç (*1930), doch haben Schenkungen und Leihgaben den Bestand weiter anwachsen lassen.

Das Freigelände empfängt die Besucher mit Highlights wie einem silberglänzenden F-104 Starfighter, einem 92 m langen Guppy-IIa-U-Boot *TCG Uluçalireis* oder einem roten Londoner Roadmaster-Doppeldeckerbus. Im Museumsgebäude ist die umfangreiche Automobil-Ausstellung sehenswert, zu den Exponaten gehören ein 1938er Lincoln und ein gelber Cadillac von 1953. Daneben finden sich Raritäten wie eine bereits 1826 von John Fowler konstruierte Dampfwalze oder eine Malden Dampfdroschke von 1898. Ebenfalls ansprechend ist der kleine Museumshafen, in dem u. a. der holländische Trawler *Liman II* vor Anker liegt.

36 Miniaturk

Hier sind die berühmten Sehenswürdigkeiten Istanbuls und der Türkei en miniature versammelt.

Imrahor Caddesi, Sütlüce
Tel. 02 12/222 28 82
www.miniaturk.com.tr
tgl. 9–18 Uhr
Bus: ab Eminönü 47, 47C, 47E, ab Taksim 54HT (Haltestelle: Miniaturk)
Schiff: Haliç Hatti (Haltestelle: Sütlüce)

Weiter nördlich, ebenfalls direkt am Ufer des Goldenen Horns, erstreckt sich Miniaturk, das auf einer Fläche von 40 000 m² im Maßstab 1:25 Naturschönheiten und architektonische Meisterwerke aus Istanbul, der Türkei und dem einstigen Osmanischen Reich präsentiert. So flaniert man auf vielfach gewundenen Pfaden an der Edirner Selimiye oder der Jerusalemer Al-Aqsa-Moschee vorbei und kann die weißen Sinterterrassen von Pamukkale und das rekonstruierte Artemision von Selçuk bewundern. Von den Istanbuler Wahrzeichen sind natürlich die Hagia Sophia, die Sultan-Ahmet-Moschee, der Topkapı- und Dolmabahçe-Palast vertreten. Daneben finden sich aber auch – um nur einige zu nennen – der Galataturm, Teile des antiken Aquäduktsystems, der Haydarpaşa-Bahnhof oder das Grabhaus von Baumeister Sinan.

37 Santral Istanbul ve Enerji Müzesi
Santral Kunstmuseum und Energiemuseum

TOP TIPP

Die Sammlungen im ehem. Elektrizitätswerk präsentieren das zeitgenössische Kunstschaffen der Türkei.

Kazım Karabekir Caddesi 2/6 (Eski Silahtaraşa, Elektrik Santralı), Eyüp
Tel. 02 12/311 78 09
www.santralistanbul.org
Di–So 10–20 Uhr
Bus: ab Eminönü 44B, 47, 47C, 47E, ab Taksim 36T (Haltestelle: Silahtar)

Einen ansprechenden Rahmen für zwei sehenswerte Ausstellungen zu Technikgeschichte und Kunstschaffen bietet der Campus der 1996 gegründeten **Istanbul**

Santral Istanbul bringt das alte Elektrizitätswerk mit Kunst der Gegenwart auf Touren

Bilgi Universitesi. Linker Hand liegen mehrere einstöckige Lehrgebäude inmitten weitläufiger Rasenflächen mit vereinzelten alten Bäumen und Skulpturen wie Kalliopi Lemos' *Devr-i Alem/Round Voyage* von 2007.

Rechter Hand ragt das frühere **Eski-Kraftwerk** sechs Stockwerke hoch auf. Die Fassade des 1910 errichteten Bauwerks ist heutzutage dichtmaschig grau-

Messerscharfe Zukunftsvision im Rahmen der Show Modern and Beyond im Santral

Pilgerstätte Eyüp Sultan Camii – im 7. Jh. starb an dieser Stelle ein Weggefährte Mohammeds

schwarz vergittert. Bis 1983 wurde hier mit Kohle vom Schwarzen Meer ein Großteil des Strombedarfs von Istanbul erzeugt, dann wurde die Elektrik-Zentrale, das Santral, außer Dienst gestellt.

Im rechten Teil der Anlage ist heute das **Energiemuseum** mit den Originalmaschinen, mächtigen Turbinen und Umspannern von Siemens und AEG, und einigen interessanten Experimentierstationen untergebracht.

Der linke Teil des Komplexes beherbergt das zur Istanbul Biennale 2007 eröffnete **Kunstmuseum** Santral Istanbul. Im Rahmen von qualitätvollen Wechselausstellungen werden hier die aktuellen Kunstströmungen der Türkei vorgestellt. Zu den Exponaten gehören schnittige Metallskulpturen von Ilman Koman, farbenfrohe Installationen von Zeynep Rona oder Ebru Ozseçen, tiefsinnige Gemälde von Orhan Koçak, ferner Arbeiten der Konzeptkünstlerin Eyse Erkmen, der Malerin Leyla Gediz und des Bildhauers Yavuz Tanyeli.

38 Eyüp Sultan Camii
Eyüp-Moschee

Der viel besuchte Wallfahrtsort ist beliebte Kulisse für Hochzeiten und Familienfeiern.

Cami-i Kebir Sokak
Bus: ab Eminönü 36CE, 44B, 99, 399B, 399C (Haltestelle Eyüp Sultan), ab Taksim 55ET (Haltestelle: Hz. Halit Bulvarı)
Schiff: Haliç Hatti (Endstation: Eyüp)

Das am linken Ufer des Goldenen Horns gelegene Viertel Eyüp ist benannt nach *Abu Ayub* (türk. Eyüp) *al-Ansari*, dem Bannerträger des Propheten. Dieser soll hier im Jahr 674 während der ersten arabischen Belagerung Konstantinopels als hochbetagter Mann im Kampf gefallen und an derselben Stelle begraben worden sein. Gleich nach der islamischen Eroberung der Stadt 1453 ließ *Sultan Mehmed II. Fatih* an der Bestattungsstelle eine Türbe für den Weggefährten Mohammeds errichten. Bis heute ist das *Grab des Bannerträgers des Propheten* für türkische Muslime der heiligste Ort nach Mekka, Medina und Jerusalem. Einstmals wurde vor dem Grabbau jeder neue Sultan mit dem *Schwert des Dynastiebegründers Osman* umgürtet, bevor er zur eigentlichen Inthronisierung in den Topkapı-Palast zog.

Nur wenige Jahre nach ihrer Erbauung wurde die Türbe in den **Vorhof** der von Sultan Mehmed II. ab 1458 errichteten Eyüp Sultan Camii integriert. Der Komplex fiel 1798 einem verheerenden Erdbeben zum Opfer, doch *Sultan Selim III.* ließ ihn unverzüglich erneuern. Die 1800 vollendete achteckige **Moschee** wird bekrönt von einer Kuppel auf hohem Tambour, die von vier größeren und vier kleineren Halbkuppeln sowie acht Pfeilern gestützt wird. Ziel zahlloser Pilger ist aber vor allem die **Türbe**, ein oktogonaler, außen wie innen vollständig mit blau-weißen *Iznik-Kacheln* überzogener Kuppelbau. Größter Andrang herrscht an Freitagen, an islamischen Feiertagen und während des Ramazan (Ramadan), dann wollen Hunderte von Gläubigen am silbernen Ziergitter beten, das den Blick auf den Sarkophag des Heiligen freigibt.

Vor dem großen Fontänenbrunnen am Eingang lassen sich gern frischvermählte Paare fotografieren, und ›kleine Prinzen‹ sieht man hier ebenfalls häufig. Die Jungen, meist im Alter zwischen fünf und zehn Jahren, sind anlässlich ihrer *Beschneidung* mit Anzügen, Umhang und Federturban festlich herausgeputzt. Besondere Beachtung verdient auch die *Eyüp Sultan Çınarı*, die mächtige alte Platane im Vorhof. Sie ist gut 20 m hoch, hat einen Stammdurchmesser von 2,87 m und soll von *Sultan Mehmed II. Fatih* gepflanzt worden sein.

Anschließend lohnt ein Bummel durch das Viertel, denn hier sind noch viele alte Holzhäuser erhalten. Auch der **Markt** (Sa–Do) ist sehenswert. Es werden Gebetsteppiche und Gebetsketten angeboten, daneben aber auch Seifen, Parfüme, unwiderstehlich duftende Baklava und frisch gegrillte Fleischspieße.

Eyüp Mezarlıgı

Als besonders malerisch erweist sich der **Friedhof von Eyüp** (Eyüp Mezarlıgı) mit seinen von Platanen und Zypressen beschatteten Gräbern. Auf seiner Hügelkuppe lädt das **Piyer Loti Kahvesi** (Tel. 02 12/581 26 96, s. S. 124), ein Café mit außergewöhnlichem Standort, zum Verweilen ein. Es ist nach dem französischen Marineoffizier und Schriftsteller *Pierre Loti* (1850–1923) benannt, der 1876/77 in Istanbul lebte. Angeblich saß der orientbegeisterte Loti besonders gern in Pluderhosen und Fes hier oben und rauchte eine Wasserpfeife (*Nargileh*). Heutige Besucher können zum Café hinauf spazieren oder mit einer kleinen Gondelbahn (*Teleferik*) fahren. Die zauberhafte **Aussicht** von der Anhöhe auf die Metropole Istanbul begeistert noch genauso wie vor gut 150 Jahren.

Stätte der Andacht – die Türbe des Bannerträgers des Propheten Abu Ayub al-Ansari

Die Neustadt – Einkaufsmeilen und Ausgehviertel zwischen Karaköy, Galata und Taksim

Unweit der Mündung des Goldenen Horns in den Bosporus verbindet die Galatabrücke die europäischen Teile der Metropole miteinander, die Altstadt im Süden und die Neustadt im Norden. Tatsächlich aber gehört das hiesige Viertel **Karaköy** zu den ältesten der Stadt. Ab dem 12. Jh. ließen sich hier *genuesische Kaufleute* nieder, und ab dem 15./16. Jh. siedelten auch zugewanderte *Juden* am ufernahen **Galatahügel**. Unter ihnen waren Bankiersfamilien, deren marmor- und mosaikgeschmückte Firmensitze des 18./19. Jh. noch heute die *Bankalar Caddesi* prägen. Vom jüdischen Leben zeugt in Karaköy auch das **Türk Musevileri Müzesi**, das in der einstigen Zülfaris-Synagoge untergebrachte *Museum der türkischen Juden*. Etwa auf halber Höhe des Hügels ragt der im 14. Jh. zum Schutz der genuesischen Handelsniederlassung errichtete **Galataturm** auf, heute einer der beliebtesten *Aussichtspunkte* der Stadt.

Nördlich von Galata erstreckt sich der Stadtteil **Beyoğlu** mit den westlichen Vierteln **Pera** und **Tepebaşı** sowie der berühmten *Meşrutiyet Caddesi*. Mit atemberaubenden Aussichten über das Goldene Horn zeugen hier Palais und Nobelhotels vom Glanz vergangener Tage. Im *Pera Palace Hotel* etwa soll Agatha Christie ihren Bestseller ›Mord im Orient Express‹ (1943) geschrieben haben. Nicht weit davon kann man im **Pera-Museum** eine qualitätvolle Sammlung mit Gemälden des 17.–19. Jh. besuchen, welche die Lebenswelt zur Zeit der Sultane wieder lebendig macht.

Beyoğlu ist bekannt für sein reges Nachtleben, aber auch für die Einkaufsmeile **Istiklal Caddesi**. In ihrer Mitte verlaufen die Schienen der nostalgischen, rotlackierten Straßenbahn *Tramvayı*, die zwischen Galata Meydanı und **Taksim Meydanı** verkehrt.

Blick vom Galataturm auf Topkapı-Palast, Hagia Sophia, Blaue Moschee, Süleymaniye

39 Karaköy

Fähren, Fischmarkt und Moscheen nördlich der Galatabrücke.

Metro, Fähre, Straßenbahn, Tünel (Talstation: Karaköy)
Bus: ab Eminönü alle Busse nordwärts, 26, 26A, 26B, 31E, 32, 74, 99, 146B, 336E usw.

Rund um die Galatabrücke am Nordufer des Goldenen Horns herrscht ständiges Kommen und Gehen, denn hier laufen unweit der Fähranleger Metro-, Straßenbahn- und Buslinien zusammen. Auf dem beengten Platz zwischen dem Kai und den malerischen Lagerhäusern und Werkstätten westlich der Brücke findet in der Morgenstunden ein trubeliger *Fischmarkt* statt. Östlich der Brücke befindet sich der Anleger der **Karaköy Vapur ve Deniz Otobüsü Iskelesi**. Von hier fahren ›Meerbusse‹ Richtung Kabataş, Haydarpaşa, Kadıköy und Eminönü. Landseitig säumen Cafés und Restaurants den Kai und sorgen für entspanntes mediterranes Flair inmitten des bunten Treibens. Wer Süßes mag sollte bei *Lakerda Nanlı* vorbeischauen, wo eines der besten *Baklavas* der Stadt hergestellt wird.

Yeraltı Camii

Weiter östlich, Ecke Kemankeş Caddesi und Gümrük Sokak, lohnt die etwas versteckte Yeraltı Camii einen Besuch. Die *Unterirdische Moschee* wurde 1757 in einem 35 x 35 m großen, von 54 gedrungenen Pfeilern getragenen Kellergewölbe eingerichtet, welches zuvor als Verlies und Waffenlager gedient hatte. Es war Teil eines Wehrturms, den die Genueser um 1348 zusammen mit der hiesigen Stadtmauer errichtet hatten. Im Vorgängerbau (7./8. Jh.) des Wehrturms soll die *Eisenkette* [s. S. 31] zur Absperrung des Goldenen Horns aufbewahrt worden sein.

Arap Camii

Eine weitere interessante Moschee, die Arap Camii (Kalyon Sokak 1), liegt gen Westen am Fuß des Galatahügels. Das

Gebetshaus wurde 1475 in der gotischen Dominikanerkirche *Santi Paolo e Domenico* (Anfang 13. Jh.) eingerichtet und gegen Ende des 15. Jh. aus Spanien vertriebenen arabischen Muslimen zur Verfügung gestellt, daher der Name Arabische Moschee. Der Sakralbau ragt inmitten dichter Bebauung aus Wohnhäusern und Werkstätten auf. Die Architektur, insbesondere der zum Minarett umfunktionierte Glockenturm, zeigt noch die christlichen Wurzeln. Von den gotischen Stilelementen des Innenraums fallen vor allem die Spitzbogenfenster und das Kreuzgewölbe der Apsis ins Auge. Die Kassettendecke und die Emporen sind spätere Zutaten.

Azapkapı Camii

Am Nordwestrand von Karaköy, nahe der Atatürk-Brücke, steht die kleine Azapkapı Camii (Tersane Caddesi, Bus 61B Taksim–Beyazıt, Haltestelle: Şişhane). Die von Großwesir *Sokullu Mehmed Paşa* gestiftete Moschee ist ein Spätwerk Sinans [s. S. 56] von 1577/78. Sie erhebt sich über einem Sockelgeschoss, in dem einst Läden untergebracht waren. Ein enger Treppenaufgang führt hinauf in die Vorhalle zwischen Hof und Gebetssaal. Über dem oktogonalen Innenraum schwingt

Ganz entspannt in Istanbul – Straßencafé-Gespräche im Ausgehviertel Karaköy

sich die große Zentralkuppel auf, weite Gurtbögen und bauchige Halbkuppeln tragen ihre Last. Die reich mit Blumen verzierten Buntglasfenster, die Schmuckbänder und der florale Kacheldekor der Pendentifs unterstreichen die heitere Würde des Raums.

Eine Augenweide ist auch der verspielte *Rokokobrunnen* (1732/33) nördlich der Moschee. Blütenreliefs zieren die Wände unter dem Kuppeldach und hinter feinen Gittern plätschert kühles Wasser. Saliha Valide Hatun, Gattin von Sultan Mustafa II., stiftete den Brunnen.

40 ## Türk Musevileri Müzesi
Museum der türkischen Juden

Auf den Spuren der türkisch-jüdischen Gemeinde Istanbuls.
Karaköy Meydanı/Perçemli Sokak, Karaköy
Tel. 02 12/292 63 33
www.muze500.com
Mo–Do 10–16, Fr, So 10–14 Uhr
Metro, Fähre, Straßenbahn, Tünel (Talstation): Karaköy
Bus: ab Eminönü alle Busse nordwärts, 26, 26A, 26B, 31E, 32, 74, 99, 146B, 336E usw.

Nur wenige Schritte vom *Karaköy Meydanı* trifft man im Kreise hoher schmaler Häuser auf die einstige **Kahal-Kadosh-Zülfaris-Synagoge**, einen Neorenaissancebau aus dem frühen 18. Jh. mit schöner Fensterrosette und altrosa getünchter Fassade. Eine doppelläufige Freitreppe führt hinauf zum Portal. In der Synagoge ist seit 2001 das Türk Musevileri Müzesi untergebracht, das die Geschichte der Juden in Istanbul und in der Türkei dokumentiert. Es waren vor allem sephardische Juden, die nach dem Ausweisungsedikt der Katholischen Könige 1492 aus Spanien und Portugal fliehen mussten und am Bosporus eine neue Heimat fanden. Unter den Exponaten sind wertvolle mittelalterliche *Thoraschreine* und Uniformröcke der türkischen Armee aus dem 18. Jh., aber auch Fotos und Briefe, z. B. ein Schreiben *Albert Einsteins* aus den 1930er-Jahren, in dem er sich für die Aufnahme gefährdeter deutscher und österreichischer jüdischer Professoren und Studenten in der Türkei einsetzt. Die kleine Ethnografische Ausstellung im Erdgeschoss zeigt traditionelle Gewänder und rituelles Gerät früherer Tage, so z. B. einem *Beschneidungsstuhl*.

Jüdisches Museum im festlichen Renaissancerahmen der Kahal-Kadosh-Zülfaris-Synagoge

In der nahen **Bankalar Caddesi** kann man prächtige Bankpaläste des 18./19. Jh. bewundern. Mit ihren Marmorsäulen und mosaikgeschmückten Portalen erzählen sie vom florierenden Wirtschaftsleben jener Tage. Einen schönen Anblick bietet auch die strahlend weiße **Camondo Merdivenleri**, die zwischen Bankalar Caddesi und Kartçınar Sokak bergan führt. Die jüdische Bankiersfamilie Camondo hatte die elegante Marmortreppe mit zwei sich schwungvoll kreuzenden Treppenläufen 1870–80 anlegen lassen. Sie führt zur 1893 eingeweihten *Terziler Havraslı Sinagogu*, besser bekannt als **Schneidertempel** (Felek Sokak 1, Tel. 0212/2490150, www.schneidertempel.com). Ihr restaurierter Gebetsraum dient heute als Galerie für Wechselausstellungen, zeigt aber noch Teile der früheren Ausstattung, darunter ein Buntglasfenster in Form eines Davidsterns und ein geschnitztes Lesepult.

41   Tünel
Karaköy-Galata-Standseilbahn

Mit der unterirdischen Standseilbahn auf den Galatahügel.
tgl. 7–22 Uhr

Mit Erlaubnis von Sultan Abdülaziz erbaute der Franzose *Henri Gavand* 1871–74 eine **Standseilbahn** – die nach Lyon und Budapest weltweit dritte ihrer Art. Sie führt von Karaköy durch einen 573 m langen Tunnel auf den Galatahügel nach Pera. Die Jungfernfahrt fand am 17. Januar 1875 statt, Mitte des 20. Jh. wurde die Anlage auf Elektrobetrieb umgestellt. Heute befördert die Bahn etwa 5,4 Mio. Fahrgäste im Jahr.

Die spärlich ausgeschilderte **Talstation** befindet sich im Untergeschoss eines modernen Geschäftsgebäudes an der Ecke Karaköy Caddesi und Yüzbaşı Sabahattin Evren Caddesi. Die **Bergstation** liegt direkt am Galata Meydanı. Von hier zuckelt die nostalgische Straßenbahn *Tramvayı* durch die *Istiklal Caddesi*.

42   Galata Kulesi
Galataturm

 Genuesischer Wachturm mit sagenhaftem Panorama.

Büyük Hendek Sokak, Galata-Beyoğlu
www.galatatower.net
tgl. 8.30–20 Uhr

Der Galataturm, ein mächtiger Rundbau mit konischem Blechdach, ist das *Wahrzeichen* der Istanbuler Neustadt. Er steht auf einer Terrasse 37 m über dem Goldenen Horn und ragt selbst knapp 70 m hoch auf. Seit dem Jahr 1348 wacht er über das einstige Händlerviertel und die Mündung des Goldenen Horns. Damals markierte er den höchsten Punkt der Verteidigungsmauern, die die **Genueser** hier um ihre 1348 von Kaiser Michael II. zugewiesene Handelsniederlassung errichtet hatten. Später diente der Turm als Janitscharen-Posten, Gefängnis, Observatorium und im 19. Jh. als Feuerwachturm.

Ab durch den Tunnel mit der Tünel – die Standseilbahn geht von Karaköy hinauf nach Galata

Früher führte innerhalb der 3,75 m dicken Mauern eine Wendeltreppe nach oben, heute gibt es einen Lift. Dieser endet im sechsten Stock mit seinem exklusiven *Restaurant* (Tel. 0212/293 81 80, tgl. 20–24 Uhr, Showbetrieb). Über eine Treppe erreicht man die oberste Etage mit der Aussichtsplattform in etwa 60 m Höhe. Der schmale umlaufende Balkon bietet eine unübertreffliche **Fernsicht** auf Alt- und Neustadt und das Goldene Horn. Besonders stimmungsvoll ist das Panorama, wenn das sanfte Licht der untergehenden Sonne die Prachtbauten von Pera romantisch verklärt.

43 Galata Mevlevihanesi Müzesi
Museum des Mevlevi-Klosters von Galata

Tanzende Derwische im früheren Mevlevi-Kloster.

Galip Dede Caddesi 15, Tünel
Tel. 0212/245 41 41
bis voraussichtlich Sommer 2011
wg. Renovierung geschl.

Kurz bevor die Galip Dede Caddesi in den Galata Meydanı mündet, erreicht man rechter Hand die von einer weiß getünchten Mauer umgebene Tekke (Kloster) der **Mevlevi-Derwische**, heute als *Museum* namens Galata Mevlevihanesi Müzesi (auch Mevlevi Tekkesi) zugänglich. Die im Jahr 1492 gegründete Tekke

in Galata war das erste Derwisch-Kloster Istanbuls. Die Derwisch- oder Sufi-Bruderschaften sind Teil einer mystisch-asketischen Bewegung des Islam, die auf den Dichter und Mystiker *Mevlana Cela-leddin Rumi* (1207–1273) zurückgeht. Die Derwische suchen die Vereinigung mit Gott durch ekstatische Tänze, bei denen sie sich zu mystischen Klängen um ihre eigene Achse drehen und dabei medita-tive Versenkung erlangen. Dieses faszi-nierende Ritual wird **Sema** oder *Tanz der Derwische* genannt. 1924 ließ Atatürk den Orden verbieten, doch der Sema-Tanz lebte im Verborgenen fort und wird heu-te sogar vor Publikum aufgeführt. Bis zur Wiedereröffnung der Tekke findet der Derwisch-Tanz in der *Event Hall* des Sirke-ci-Bahnhofs (Tel. 02 12/458 88 34, Vorfüh-rungen Di, Do, Sa/So 19.30 Uhr, s. S. 76) statt.

Im hiesigen achteckigen Sema-Saal, ist auch das **Divan Edebiyati Müzesi** (Tel. 02 12/245 41 41) untergebracht. Es ist dem Werk des Dichters und Mevlevi-Der-wisches *Galip Dede* (†1799) gewidmet und präsentiert Schriften verschiedener Sufi-Dichter, Musikinstrumente, Gebets-teppiche und Koranausgaben. Die Türbe Dedes befindet sich auf dem kleinen Friedhof links vom Eingang.

44 Pera Müzesi
Pera-Museum

 Qualitätvolle Kollektion mit aufschlussreichen Gemälden und kostbarer Keramik.

Meşrutiyet Cad. 65, Tepebaşı, Beyoğlu
Tel. 02 12/334 99 00
www.peramuzesi.org.tr
Di–Sa 10–19, So 12–18 Uhr
Bus: 61B, 71T, 80T, 83, 87 usw.
(Haltestelle: Tepebaşı)

Der westlich der Istiklal Caddesi gelegene Teil Beyoğlus heißt heute *Tepebaşı* (Hü-gelkuppe), gehörte aber jahrhunderte-lang zu **Pera** (griech. gegenüber). In die-sem Viertel ließen sich ab dem 19. Jh. viele ausländische Gesandte und Geschäfts-leute nieder. Außerdem logierten hier die vornehmen Passagiere des Orient Ex-press. Die prächtigen Stadtpaläste, Bot-schaftsgebäude und Hotels jener Epoche prägen noch heute das Straßenbild.

Bombiger Bau – der Galataturm wacht seit dem 14. Jh. über dem Goldenen Horn

An die Tage des Orient Express erinnert das gediegene Ambiente des Pera Palace Hotels

Einige der schönsten Bauwerke finden sich entlang der **Meşrutiyet Caddesi**, die gen Westen freien Blick auf das tiefer liegende Häusermeer zu beiden Seiten des Goldenen Horns bietet. Zu den Schmuckstücken der Straße zählt das frühere **Bristol Hotel**, das 1893 nach Plänen von *Achille Manoussos* erbaut wurde. 2002 ging der klassizistische Palast in den Besitz der *Suna und Inan Kıraç Stiftung* über und wurde 2005 mit neuem Glasaufbau als **Pera-Museum** eröffnet. Zu den Schätzen der Sammlung gehören über 300 *Gemälde* des 17.–19. Jh., die sich mit dem Orient und dem Osmanischen Reich beschäftigen, darunter eindrucksvolle Szenen des höfischen Lebens und herrliche Istanbuler Stadtansichten. Auch *Osman Hamdi Bey*, Maler, Museumsdirektor und Archäologe [s. S. 30], ist mit interessanten

Bildern vertreten. Glanzstück der Schau ist sein entzückender ›Schildkrötenerzieher‹ von 1906. Man sieht den als Derwisch gewandeten Lehrmeister, ein Selbstporträt des Malers, in nachdenklicher Haltung über die kleinen Schüler gebeugt, welche mit Grünzeug dressiert werden sollen. Die Sufi-Flöte (*Ney*), wohl Teil des pädagogischen Programms, hat er fest im Griff, doch taktvoll hinter dem Rücken verborgen, als wolle er seine Schützlinge nicht unnötig verschrecken.

In die schöne Welt der Keramik führen Exponate aus den Werkstätten von *Kütahya*, einer südöstlich von Istanbul gelegenen Stadt. Die oberen Etagen bieten Platz für *Wechselausstellungen* zur internationalen Kunst des 20./21. Jh.

In der Meşrutiyet Caddesi steht auch das berühmte **Pera Palace Hotel** (Nr. 52, Tel. 0212/377 40 00, www.perapalace.com), das 1892 für die Passagiere des Orient Express errichtet wurde. Auch die britische Kriminalschriftstellerin *Agatha Christie* (1890–1976) logierte hier während ihrer Istanbul-Aufenthalte und soll in Zimmer 411 ihren mitreißenden Erfolgsroman ›Mord im Orient Express‹ (1943) verfasst haben.

Das nahe **Büyük Londra Oteli** (Nr. 117, www.londrahotel.net), 1892 unter dem Namen *Grand Hotel de Londres* eröffnet, ist zwar als Unterkunft nicht mehr erste Wahl, doch wegen seines in die Jahre gekommenen Charmes allemal einen Abstecher wert. Dieser Ansicht war auch *Fatih Akın*, Hamburger Regisseur türkischer Herkunft, der hier 2003/04 Szenen seines vielfach ausgezeichneten Spielfilms ›Gegen die Wand‹ drehte.

Preisrekord – der ›Schildkrötenerzieher‹ (Mitte) war dem Pera-Museum 3,5 Mio. Dollar wert

Paris, Rom, Mailand – die gediegene Shoppingmeile Istiklal Caddesi hat internationales Flair

45 Istiklal Caddesi
Straße der Unabhängigkeit

TOP TIPP

Die Prachtstraße mit ihrer herrlichen Jugendstilarchitektur lädt zum Shoppen, Bummeln und Einkehren ein.

Tünel: Galata Meydanı
Tramvayi: Galata Meydanı, Galatasaray Lisesi, Taksim Meydanı
Bus, Metro, Funikular: Taksim Meydanı

Geschwungene Eingangsportale, Torgitter in Form von Blütenständen, Buntglasfenster mit floralen Ornamenten – nirgendwo sonst in Istanbul gibt es so viel **Jugendstil-Architektur** wie entlang der knapp 1,7 km langen Istiklal Caddesi. Die heutige Fußgängerzone wurde im 19. Jh. als **Grande Rue de Pera** angelegt. Schon damals säumten Botschaften, Hotels und vornehme Geschäfte die Straße, die mit ihrer Mischung aus europäischem und orientalischem Flair den Ruf Istanbuls als ›**Paris des Ostens**‹ begründete. 1923, nach Ernennung Ankaras zur neuen Hauptstadt, zogen die Botschaften und mit ihnen ein Teil der europäischen Bewohner Peras gen Osten. Heute säumen vor allem Kaufhäuser und Dependancen internationaler Modelabels die beliebte Flaniermeile. Außerdem findet man Kaffeehäuser und Bars, Kinos und Galerien. Wer

nicht flanieren möchte, nimmt die hübsche alte Straßenbahn *Tramvayı*, welche vom **Galata Meydanı** über die Istiklal Caddesi bis zum Taksim Meydanı rattert.

Unweit des Galata Meydanı lädt auf der rechten Seite der Istiklal Caddesi die *Türk-alman Kitabevi* (Nr. 481, www.tak. com.tr), die Türkisch-Deutsche Buchhandlung, zum Besuch ein. Daneben ragt der siebenstöckige Jugendstilkomplex der **Botter Apartments** empor. Er wurde 1900 von *Raimondo d'Aronco*, einem Vorreiter des ›Stile liberty‹, des italienischen Jugendstils, errichtet.

Ein Stück weiter präsentiert das **Richmond Hotel** (www.richmondhotels.com. tr) eine gelungene Synthese aus einem Stadtpalast des 19. Jh. und einem modernen Glasanbau. Gegenüber lockt die **Lokanta Matriz Pastanesi**. An den gekachelten Wänden des Lokals prangen beschwingte Jugendstilallegorien von Frühling, Sommer, Herbst und Winter.

Rechter Hand folgt bald die 1772–89 von *Guglielmo Semprini* errichtete Franziskanerkirche **Santa Maria Draperis Kilisesi** (Tel. 02 12/244 02 43, Mo, Mi–Fr 10–12 und 14–18, So, Di 14–18 Uhr). In der Häuserzeile öffnet sich ein dreibogiger neoklassizistischer Torbau, hinter dem eine Treppe hinab zur Kirche führt. Von oben hat man einen exzellenten Blick auf das goldgrundige *Mosaik* mit dem Bild der Kirchenpatronin, das die schlichte Fassade über dem Marmorportal schmückt. Das *Innere* birgt ein bemaltes Tonnengewölbe (1874), schöne Glasmalereien und als größten Schatz am Hochaltar eine *Marienikone* aus dem 16. Jh.

Italienisch geprägt ist die nahe neogotische *St.-Antonius-Kathedrale*, **Sent Antuan Kilisesi** (Tel. 0212/2440935, www.sentantuan.com, Mo, Mi–Sa 8–19.30, Di 7–20, So/Fei 9–12 und 15–20 Uhr), ein roter Backsteinbau von *Giulio Mongeri* aus den Jahren 1906–12, der ein Stück von der Straße zurückgesetzt ist. Die würdevolle Fassade wird durch hohe Sandsteinportale, goldgrundige Mosaiken und Fensterrosetten strukturiert. Das Innere weist schöne Kreuzrippengewölbe auf.

Nach etwa der Hälfte der Strecke macht die Istiklal Caddesi einen leichten Knick nach rechts. An der Kreuzung mit der *Yeni Çarşı Caddesi* erhebt sich hinter einem bombastischen goldverzierten Schmiedeeisentor die **Galatasaray Lisesi** (Nr. 159). Das berühmte Elitegymnasium wurde 1868 als erste weiterführende Schule europäischen Zuschnitts im Osmanischen Reich eröffnet. Wenige Meter rechts den Hang hinunter erreicht man das Istanbuler *Goethe-Institut* (Yeni Çarşı Caddesi 32, www.goethe.de).

Schräg gegenüber vom Gymnasium zeigt ein gusseiserner Jugendstilbogen mit dem Schriftzug **Balık Pazarı** den Eingang zum *Fischmarkt* an. In der engen, teils glasüberdachten Gasse werden frischer Fisch und Meeresfrüchte angeboten, locken Restaurants mit Muschelgerichten und Dorade vom Grill. Ein Stichgang führt vom Fischmarkt direkt in die von weiteren Restaurants gesäumte *Blumenpassage*. Stilvoller betritt man die **Çiçek Pasajı**, in der schon lange keine Blumen mehr verkauft werden, durch den Haupteingang an der Istiklal Caddesi. Dieser wird von floralen Stuckornamenten gerahmt und von geblümten Buntglasfenstern bekrönt. Ein Vergnügen anderer Art ist beim **Eisstand** gegenüber geboten. Das bezieht sich zum einen auf das leckere türkische Eis, *Dondurma*, zum anderen auf die kabarettistischen Einlagen der Verkäufer.

Hinter der Blumenpassage wandelt sich die Istiklal Caddesi zum Zentrum des **Nachtlebens**. In zahlreichen *Lokantas*

Orhan Pamuk und das ›Museum der Unschuld‹

Der aus dem Istanbuler Bildungsbürgertum stammende Orhan Pamuk (geb. 1952) ist einer der erfolgreichsten Schriftsteller der Türkei. In seiner Prosa verbindet er die europäischen Erzähltraditionen mit der mystischen Sufidichtung. Auch seine Romanhelden wandeln zwischen den Lebenswelten von Orient und Okzident. Sein Romandebüt gab er 1982, mittlerweile sind Werke wie ›Das schwarze Buch‹ (1990), ›Schnee‹ (2002) oder ›Istanbul‹ (2006) in 35 Sprachen übersetzt. Den Literaturnobelpreis verlieh ihm das Stockholmer Komitee schließlich 2006.

Einem Kunstprojekt widmet sich der Schriftsteller seit mehr als zehn Jahren: dem ›Museum der Unschuld‹. Einerseits Titel seines 2008 erschienenen Romans, ist es zugleich Name einer Installation in einem Istanbuler Eckhaus (Çukurcuma Caddesi). Der Roman erzählt die tragische Liebesgeschichte zwischen dem aus besseren Kreisen stammenden Kemal und der in ärmlichen Verhältnissen aufgewachsenen Füsun. Da dieser Standesunterschied eine Hochzeit im Istanbul der 1970er-Jahre unmöglich macht, huldigt Kemal seiner Angebeteten aus der Distanz. Über Jahre hinweg besucht er sie regelmäßig bei ihren Eltern, dabei sind nur Blicke erlaubt. Langsam entwickelt er einen Fetisch für Dinge, die Füsun einst berührte. Mit ihnen möchte er das ›Museum der Unschuld‹ eröffnen. Im letzten Kapitel gelingt ein Kunstgriff: Kemal bittet bei einem Treffen den Schriftsteller Orhan Pamuk einen Ausstellungskatalog anzulegen – die Brücke zwischen Fiktion und Realität ist geschaffen.

Tatsächlich erwarb Orhan Pamuk auf türkischen Flohmärkten jene Gegenstände, die er anschließend im literarischen Werk verewigte. Diese sind ab 2011 im ›Museum der Unschuld‹ zu sehen: das Sommerkleid der Romanheldin, ihr Dreirad aus Kindertagen oder eine Quittenreibe. Jedem der 83 Kapitel wird dann ein kleiner Ausstellungsbereich mit Requisiten gewidmet sein. Zugleich soll der Besucher einen interessanten Einblick in die türkische Alltagskultur erhalten. Mit dem Roman in der Hand kann die Entdeckungsreise beginnen.

*Große Gesten am Taksim Meydanı – das
Atatürk gewidmete Denkmal der Republik
und das Hochhaushotel The Marmara*

und *Hans* trifft man sich am Abend zum
Essen, dann zieht man weiter in die nahen Cafés, Bars und Diskotheken.

Einen besinnlichen Kontrapunkt zum
Trubel setzt am Ende der Istiklal Caddesi,
in der rechts abzweigenden Meşelik Sokak, die 1800 vollendete griechisch-orthodoxe **Aya Triada Kilisesi** (griech. Hagia
Triada, Tel. 02 12/244 13 58, So 9–12 Uhr und
an allen Osterfeiertagen). Die imposante
weiße *Basilika zur Heiligen Dreifaltigkeit*
besitzt zwei Glockentürme und birgt unter ihrer imposanten Kuppel mit liebevoll
gemaltem Sternenhimmel fein gearbei-
tete Figuren von Aposteln, Heiligen und
Engeln. Kostbare Ikonen schmücken die
Wände vor der raumhohen, gold- und
silberglänzenden Ikonostase.

Schon fast am Taksim Platz residiert in
einem Gebäudekomplex von 1898 das
Französische Generalkonsulat, **Fransa
Başkonsolosluğu**, samt Kulturzentrum
(Nr. 4, Tel. 02 12/393 81 11, www.infist.org),
Sprachschule, dem Institut für Anatolien-
Studien und einem angesagten Café. Ein
Uhrturm akzentuiert den lang ge-
streckten Baukörper mit seinem nur we-
nig vorspringenden Mittelrisalit.

46 Taksim Meydanı
Taksim-Platz

*Der geschäftig-moderne Stadtraum
steht ganz im Zeichen Atatürks.*

Bus, Metro, Funikular,
Tramvayi: Taksim Meydanı

Taksim heißt Verteiler, und das trifft die
verkehrstechnische Funktion des großen
Platzes genau, an dem die Metro, zahlreiche Buslinien sowie die von Kabataş
kommende *Funikular*, die unterirdische
Standseilbahn, halten. Dabei rührt der
Name von einem Wasserverteiler, dem
Taksim Maksemi, der 1732/33 als erstes
Bauwerk in dieser Gegend entstand. Der
kleine achteckige Bau mit Zeltdach markiert das Ende der Istiklal Caddesi.

Die begrünte Platzmitte beherrscht
das 1928 errichtete **Cumhuriyet Anıtı**, das
Denkmal der Republik (auch Istiklal Anıtı,
Unabhängigkeitsdenkmal). Es erinnert an
den *Unabhängigkeitskampf* Mustafa Kemals [s. S. 96], der 1923 mit der Ausrufung
der Türkischen Republik sein Ziel erreichte. Aus dem eleganten Triumphbogen auf hohem Sockel, ein Werk *Giulio
Mongeris*, drängen *Pietro Canonicas* stolz
und würdevoll posierende Bronzefi-
guren. Auf der einen Seite gewahrt man
den General Mustafa Kemal im Kreise

Atatürk – Nationalheld und Staatsgründer

Der Gründer der Türkischen Republik, **Mustafa Kemal Atatürk** (1881–1938), ist in seinem Land noch heute allgegenwärtig: Boulevards sind nach ihm benannt, Denkmäler zieren Plätze und Parkanlagen, sein Konterfei grüßt von Hauswänden und aus Schaufenstern.

Geboren wurde er in Thessaloniki als Sohn des osmanischen Beamten Ali Riza und seiner Frau Zübeyde. Schon in seiner Heimatstadt besuchte er eine Militärschule, in Istanbul absolvierte er die **Osmanische Militärakademie** und machte dort 1905 seinen Abschluss. Zwei Jahre später schloss sich Mustafa Kemal den **Jungtürken** an, die eine Reform des Osmanischen Reiches und eine Wiedereinführung der liberalen Verfassung von 1876 forderten. Mit ihrer erfolgreichen **Revolution** von 1908/09 wurde die Verfassung wieder eingesetzt. *Sultan Abdülhamid II.* zwang man zur Abdankung zugunsten seines politisch unerfahrenen Bruders *Mehmed V.*

Militärisch machte Kemal Karriere, als die Türkei an der Seite des Deutschen Reiches im Ersten Weltkrieg kämpfte. 1915/16 befehligte er zusammen mit dem deutschen Offizierskollegen *Otto Liman von Sanders* türkische Einheiten beim **Gallipoli-Hügel** in Sichtweite der Dardanellen. Entgegen aller Erwartungen hielten er und seine Soldaten die für die Verteidigung Istanbuls wichtige Stellung gegen Briten, Franzosen, Australier und Neuseeländer. Fortan wurde Mustafa Kemal als **Kriegsheld** verehrt. Am Ausgang des Krieges änderte ›Gallipoli‹ jedoch nichts. Das Osmanische Reich kapitulierte, die Siegermächte marschierten in Istanbul ein und teilten das Osmanische Reich unter Federführung Großbritanniens und Frankreichs auf. Sie sahen lediglich einen *türkischen Reststaat* in Anatolien vor, dagegen organisierte Kemal militärischen Widerstand. Auftakt der **Befreiungskämpfe** war 1919 die Landung der Kemalisten in der Schwarzmeerstadt Samsun. Schon 1920 trat in Ankara die erste Große Nationalversammlung zusammen. Mustafa Kemal wurde Präsident. 1923, ein Jahr nach Abschaffung des Sultanats, vertrieb er mit sowjetischer Unterstützung die Invasoren aus dem Land. Im **Frieden von Lausanne** erkannten die Westmächte die Unabhängigkeit und Souveränität der Türkei an. Die Kemalisten übernahmen im Gegenzug die Schulden des Osmanischen Reiches. Im Oktober rief Mustafa Kemal die **Türkische Republik** mit neuer Hauptstadt Ankara aus und wurde als ihr erster Präsident bestätigt. Der junge Staat allerdings war wirtschaftlich ruiniert und die Bevölkerung bitterarm.

Es war Mustafa Kemals großes Verdienst als Präsident, dass er unverzüglich ein **Reformpaket** in Angriff nahm, mit dem Ziel, die agrarisch geprägte Türkei grundlegend zu modernisieren. Dazu trennte er Staat und Religion, führte ein staatliches Schulwesen und die allgemeine Schulpflicht ein, proklamierte die Gleichstellung von Mann und Frau, ließ osmanische Kleidung und religiöse Orden verbieten. 1928 ersetzte er die arabische Schrift durch die lateinische, 1934 führte er sowohl das Frauenwahlrecht als auch Familiennamen ein. Aus diesem Anlass verlieh ihm das türkische Parlament den Ehrennamen **Atatürk**, Vater der Türken.

Mustafa Kemal Atatürk starb als hoch verehrter Landesvater am 10. November 1938 im Dolmabahçe-Palast in Istanbul und wurde in einem Mausoleum in Ankara beigesetzt.

Der **Kemalismus**, der sich an der Politik Atatürks orientierte, avancierte in Folge zur Staatsräson der Türkei.

seiner uniformierten Mitstreiter, auf der anderen Seite umringen die Mitbegründer der Republik den Präsidenten Kemal, der 1934 den Ehrentitel *Atatürk*, Vater der Türken, verliehen bekam. Die in Zivilkleidung gewandeten Politiker erscheinen frisch und zuversichtlich.

Das höchste Gebäude am verkehrsumtosten Taksim Meydanı ist das 20-stöckige **The Marmara Istanbul** (www.themarmarahotels.com). Das Luxushotel aus den 1960er-Jahren bietet herrliche Ausblicke vom *Panorama Restaurant* oder der *Tepe Lounge*. An der Ostseite des Platzes lagert der breite Quader des 1969 eröffneten **Atatürk Kültür Merkezi (AKM)**. Das größte Kulturzentrum Istanbuls beherbergt mehrere Konzertsäle, Galerien, ein Kino und zwei Theater, eines davon mit 1300 Sitzplätzen. Mittlerweile in die Jahre gekommen, wird es den Ansprüchen des heutigen Kulturbetriebs nicht mehr gerecht. 2011 entscheidet sich, ob es umgebaut oder abgerissen werden soll.

Nordöstlich beginnt der **Taksim Parkı**, der sich entlang der in die Nobelviertel Harbiye, Nişantaşı und Şişli führenden *Cumhuriyet Caddesi* erstreckt. Der Park war früher Kasernengelände, heute liegen hier die Istanbul Teknik Üniversitet und Hotels wie das Divan Oteli, das Ceylan Intercontinental oder das Hyatt Regency. Von der *Taşkışla Caddesi*, hinter dem ebenfalls hier angesiedelten Hilton, gleitet eine kleine **Teleferik**, eine Kabinen-Seilbahn, zum gegenüberliegenden Osthang (*Abki İpekçi Caddesi*).

Atatürk, der Vater der Türken, im Kreise der Mitbegründer der modernen Republik am Denkmal auf dem Taksim-Platz

47 Askeri Müze
Militärmuseum

Von Pauken und Panzern, Flakgeschützen und Flöten.

Vali Konağı Caddesi, Harbiye
Tel. 02 12/233 27 20
Mi–So 9–17 Uhr, Auftritt der Mehter-Kapelle Mi–So 15 und 15.30 Uhr
Bus: ab Taksim 48N, 54C, 54HS, 54HT, 54K, 54KT, 54ÖR, 202, 256, DT1, DT2, ab Eminönü 46C, 54E, 66, 70FE, 70KE, 74, 74A (Haltestelle: Harbiye)
Metro: Osmanbey-Pangaltı

In den Jahren 1899–1905, als die Vierflügelanlage in der Nordwestecke des Taksim Parkı noch die **Osmanische Militär-**

Das Militärmuseum bringt die zünftige Mehter-Musik der Janitscharen zu Gehör

Yıldız Sarayı – Sultans Sternenpalast mit bühnenhaft inszenierter Prachtfassade

akademie (*Harbiye*) beherbergte, erlernte hier kein Geringerer als Mustafa Kemal das Militärhandwerk. Der Ziegelbau von 1841 erhielt seine heutige Gestalt nach einem Brand im Jahr 1862, die Militärakademie bestand bis 1936. Das 1993 eröffnete Militärmuseum beleuchtet die Geschichte der Türkei seit den Tagen *Sultan Mehmeds II. Fatih* aus Feldherrensicht. Ein monumentales Schlachtenpanorama schildert anschaulich und mit entsprechender Audiokulisse die Eroberung Konstantinopels im Jahr 1453. Neben historischen Schlachtengemälden sieht man mittelalterliche Rüstungen und Schwerter, Sultansgewänder und Uniformen sowie ein Stück der eisernen Kette [s. S. 31], die einst die Zufahrt zum Goldenen Horn versperrte.

Das Museum pflegt auch die Tradition der **Mehter Müzik**, der wilden Marschmusik der Janitscharen, die ihre Inspiration aus Schlachtenlärm zog. Auch nach der Auflösung der Janitscharen-Truppen 1826 begleiteten noch Mehter-Kapellen die Soldaten in den Krieg. Heute treten zweimal täglich etwa 50 Musiker in historischen Uniformen im *Mehter Konseri*, dem Freilufttheater des Museums, auf und spielen mit großer Hingabe auf Zimbeln (*Çevgan*), Kegeloboen (*Zurna*) und Trommeln, den kleineren Hand- oder Rahmentrommeln (*Nakkares*), den größeren Basstrommeln (*Davul*) und schließlich den gewaltigen Kesselpauken (*Kös*).

48 **Ihlamur Kasrı**
Lindenpavillon

 Kunstvoll verziertes Lustschlösschen des Neobarock.

Ihlamur Teşvikiye Yolu, Nişantaşı/Şişli
Tel. 02 12/259 50 86
Di/Mi, Fr–So 9.30–17 Uhr
Bus: ab Taksim 43, ab Eminönü 26, 26A
(Haltestelle: Ihlamur)

Im Tal zwischen zwei steilen Hügeln, die noch im 19. Jh. von Wald und Weinbergen bedeckt waren, ließ *Sultan Abdülmecid I.* einen **Sommerpavillon** errichten, das Ihlamur Kasrı (1849–55), das heute allerdings in der Schleife einer breiten, verkehrsreichen Straße liegt. *Nikoğos Balyan* schuf dieses neobarocke Kleinod auf hohem Marmorsockel. Über der doppelläufigen Freitreppe prangt die Fassade im edlen Schmuck der Säulen, Blumenvasen, Fruchtgirlanden, Wappen und Ziergitter. Im *Inneren* setzt sich der Überschwang mit exquisit stuckierten Decken und Wänden sowie hohen, goldgerahmten Spiegeln fort. Edle Möbel, schwere Vorhänge und kostbare Teppiche komplettieren das fürstliche Ambiente.

Zum Anwesen gehören noch zwei größere, bescheidener ausgestattete Gebäude für Harem, Gefolge und Gäste, der **Merasim Köşkü** und der **Maiyet Köşkü**. Letzterer befindet sich rechts vom Eingangstor und beherbergt eine *Kafeterya*. Im Sommer kann man hier schön im Freien sitzen, mit Blick auf den **Garten**, ein Überbleibsel des Jagdreviers der Sultane.

49 Yıldız Sarayı
Yıldız-Palast

*Der klassisch-elegante Lieblings-
palast von Sultan Abdülhamid II.*

Yıldız Caddesi (im Nordwesten
des Yıldız Parkı)
Tel. 0212/259 89 77
Di/Mi, Fr–So 9.30–16.30 Uhr
Bus: ab Taksim 43, ab Eminönü 26, 26A
(Haltestelle: Ihlamur), dann 15 Min.
Fußweg

*Wie eine Rokoko-Puppenstube – das hüb-
sche Hoftheater des Yıldız Sarayı*

Auf einer Anhöhe im Nordwesten des
Yıldız-Parks [s. S. 106] ließen die Sultane
des 19. und 20. Jh. den Yıldız Sarayı, den
Sternenpalast, errichten, der aus dem um-
mauerten Hauptpalais und den im Park
verstreuten Pavillons und Kiosken bestand. Vor allem *Sultan Abdülhamid II.*
(reg. 1876–1909) bevorzugte ab 1877 den
Yıldız-Palast als Residenz. Er lebte in be-
ständiger Angst vor einem Staatsstreich
oder Mordanschlag und fühlte sich hier
sicherer als im Dolmabahçe-Palast am
Bosporus. Zu den von ihm in Auftrag ge-
gebenen Bauten gehörten eine *Menage-
rie* und ein kleines *Privattheater*. Zugänglich ist heute der Hauptpalast mit seinen
zwei Museen. Das Bauwerk selbst begeistert durch seine an der Antike ge-
schulte, kühle Formensprache, einer Fassade mit eleganten Pilastern, stark profilierten Rundbogenfenstern, vielformig
reliefiertem Gebälk und vornehmen Balustraden. Im *Silahane*-Trakt rechts zeigt
das kleine Stadtmuseum *Şehir Müzesi* auf
zwei Etagen Kalligraphien, Glas, Porzellan
und Gemälde der Zeit um 1900. Linker
Hand im *Marangozhane*-Trakt präsentiert
das *Yıldız Sarayı Müze* zunächst die Origi-
nalausstattung, darunter Möbel, Kachelö-
fen und Porzellan. Anschließend durch-
schreitet man Empfangssalon, Speisesaal,
Bad und Konferenzraum Sultan Abdülhamids. Geradezu rührend wirkt die kleine
Werkstatt (*Marangozhane*), in welcher
der Sultan bei Gelegenheit seinem erlernten Beruf als Schreiner nachging.

Vom Yıldız Sarayı besteht kein direkter
Zugang zum Yıldız Parkı. Die weitläufige
Parkanlage besitzt drei Eingänge, den
Haupteingang erreicht man am besten
über die Çırağan Caddesi.

Außen Klassik, innen Rokoko – der Yıldız Sarayı im Wohndesign europäischer Schlösser

Das europäische Bosporusufer – Paläste und Moscheen an Istanbuls romantischer Wasserstraße

Der Bosporus, die Wasserstraße zwischen *Marmarameer* im Süden und *Schwarzem Meer* im Norden, heißt auf Türkisch **Boğaz**. Westlich der 30 km langen Meerenge liegt **Europa**, östlich **Asien**. An ihrer schmalsten Stelle, bei der zwischen den beiden Bosporusbrücken *Boğaziçi Köprüsü* und *Fatih Sultan Mehmed Köprüsü* gelegenen Ortschaft Bebek, ist sie 660 m breit, doch weiter nördlich weitet sie sich bei Yeniköy auf über 2,5 km. Hüben wie drüben säumen steile Hügel mit Palästen, Burgen und Dörfern die Wasserstraße – ein beeindruckendes **Landschaftspanorama**. Auf der europäischen Seite folgt ab der Galatabrücke eine Uferstraße dem Lauf des Bosporus stadtauswärts. An ihr reihen sich in den Stadtvierteln *Beyoğlu*, *Kabataş*, *Beşiktaş*, *Çırağan* und *Ortaköy* zahlreiche Sehenswürdigkeiten aneinander. Darunter sind viele Moscheen im Stil des *Osmanischen Barock*, von der **Nusretiye Camii** über die **Dolmabahçe Camii** bis zur **Ortaköy Camii** am Hafenbecken kurz vor der ersten Bosporusbrücke. Auch Paläste gibt es hier, denn die Sultane ließen sich gerne an den kühlen Wassern des Bosporus nieder. Die prunkvolle Residenz **Dolmabahçe Sarayı**, die Mitte des 19. Jh. unter Abdülhamid II. errichtet wurde, bietet eine wahrlich überbordende Innenausstattung von böhmischen Kristalllüstern bis zu kostbaren türkischen Seidenteppichen. Und was der Sultan zusammengetragen hatte, mochte sein Nachfolger im Palast, der erste türkische Staatspräsident *Mustafa Kemal Atatürk*, im 20. Jh. nicht auseinanderreißen. So blieb der Bau unverändert, der ›Vater der Türken‹ arbeitete und starb in den Prachträumen. Sehr repräsentativ gibt sich auch der *Çırağan Sarayı*, ein weiterer opulent ausgestatteter Sultanspalast am Bosporusufer. Die gediegenen Räumlichkeiten im europäisierten Stil des

Kontrastreiche Szene am Bosporus: die Barockmoschee Nusretiye Camii und der Kunsttempel Istanbul Modern Sanat Müzesi

19. Jh. bilden heute den noblen Rahmen für das exklusive **Çırağan Palace Kempinski** im Grünen und mit Blick aufs Wasser. Vom Fähranleger in **Kabataş** kann man schöne Bootsausflüge unternehmen. Beliebte Ziele sind die im Marmarameer etwa 20 km südöstlich der Istanbuler City gelegenen **Prinzeninseln**. Hier wandelt man im Schatten kühler Kiefernwälder und genießt frische Meeresfrüchte in einem der Fischlokale. Geradezu ein Muss ist eine Bosporusfahrt Richtung Norden bis zum Schwarzen Meer. Unterbrechen kann man die Fahrt für eine Besichtigung der Festung **Rumeli Hisarı** kurz vor der zweiten Bosporusbrücke oder für einen Spaziergang entlang der *Uferpromenade* von **Bebek**. Bei *Anadolu Kavağı*, der auf asiatischer Seite gelegenen Endstation, locken die Ruine einer byzantinischen Festung mit wundervollem Fernblick und am Hafen erstklassige Fischrestaurants.

50 Nusretiye Camii
Siegesmoschee

Mit dem Bau der Moschee erinnerte Sultan Mahmud II. an die Zerschlagung der Janitscharen.

Necatibey Caddesi, Tophane-Beyoğlu
Bus: ab Eminönü 26, 26A, 26B, 28, 28T, 30D, 70KE, 325YK1 (Haltestelle: Tophane)
Straßenbahn: Tophane

Am Bosporusufer, ganz in der Nähe des Kais für die großen Kreuzfahrtschiffe, befinden sich zwei sehenswerte Moscheen. Von der Galatabrücke kommend, erreicht man zunächst rechter Hand die **Kılıç Ali Paşa Camii**, ein 1580 im Auftrag des Großadmirals Kılıç Ali Paşa entstandenes Spätwerk Sinans. Sowohl im Grund- als auch im Aufriss präsentiert sich der kleine Sakralbau als Nachbildung der Hagia Sophia. Der Innenraum wirkt etwas düster, besticht aber durch seinen kachelverkleideten Mihrab mit schöner Kalligraphie.

Die **Nusretiye Camii** nur wenige Hundert Meter weiter überrascht durch ihre

doppelläufige Freitreppe und Veranda, eher untypische Elemente für eine Moschee. 1826 beauftragte *Sultan Mahmud II.* den Armenier *Krikor Amira Balyan* (1764–1831), Begründer des **Osmanischen Barock**, mit der Errichtung. Dieser schuf zwar eine typische *Kuppelmoschee*, doch fügte er Elemente des europäischen Barock hinzu. Die vier Ecktürme etwa besitzen glockenförmige Helmaufsätze. Den sonst üblichen großen Vorhof ersetzte er durch einen kleinen Nebenhof im Nordosten. Dem ›Reformsultan‹ haben diese Neuerungen wohl gefallen, immerhin sollte seine Siegesmoschee daran erinnern, dass Mahmud II. die alten Janitscharen-Truppen zerschlagen hatte, um eine neue Armee nach europäischem Vorbild zu installieren [s. S. 15, 48].

Der quadratische Gebetsraum unter der opulent ornamentierten **Kuppel** wird von zahlreichen Rundbogenfenstern im Kuppeltambour und in den Schildwänden beleuchtet, welche auch durch ihr üppiges Rahmendekor ins Auge fallen. Ein Schmuckstück ist ferner die in der zweiten Fensterzone der Südwestwand eingepasste **Sultansloge** mit ihren feinziselierten Bronzegittern und Palmetten-Akroteren. *Minbar* und *Mihrab* in der Südostecke bestehen aus weißem Marmor und sind mit Blumen und Girlanden verziert. Der auf Geschosshöhe umlaufende Fries mit Koraninschriften stammt vom berühmten Kalligraphen *Mustafa Rakim* (1757–1826).

51 Istanbul Modern Sanat Müzesi
Istanbul Museum für Moderne Kunst

Türkische Kunst vom Ende des Osmanischen Reiches bis in die Gegenwart.

Meclis-i Mebusan Caddesi, Liman İşletmeleri Sahası, Antrepo 4, Karaköy
Tel. 0212/334 73 00
Di–So 10–18, Do 10–20 Uhr
www.istanbulmodern.org
Straßenbahn: Tophane

In einem früheren Lagerhaus am Bosporusufer gleich hinter der Nusretiye Camii wurde 2004 das Istanbul Museum für Moderne Kunst eröffnet. Auf 8000 m² präsentiert es **Malerei** und **Skulptur** des 19.–21. Jh. Den Grundstock bildet die umfangreiche Sammlung des Industriellen *Bülent Ezcacıbaşı*. Die Arbeiten von *Kemal Önsoys, Arif Kaptan* und anderen türkischen Kreativen spiegeln die heimischen Kunsttraditionen ebenso wider wie die Auseinandersetzung mit der internationalen Moderne. Das Untergeschoss bietet Raum für aktuelle Wechselausstellungen und Präsentationen aus der hiesigen **Fotografie-Abteilung**. Auch das **Print- und Filmarchiv** ist gut bestückt, mitunter werden im Kinosaal Filme gezeigt. Das minimalistisch gestylte *Museumscafé* bietet sich für eine Pause mit Bosporusblick an, falls nicht gerade ein Kreuzfahrtschiff die Sicht versperrt.

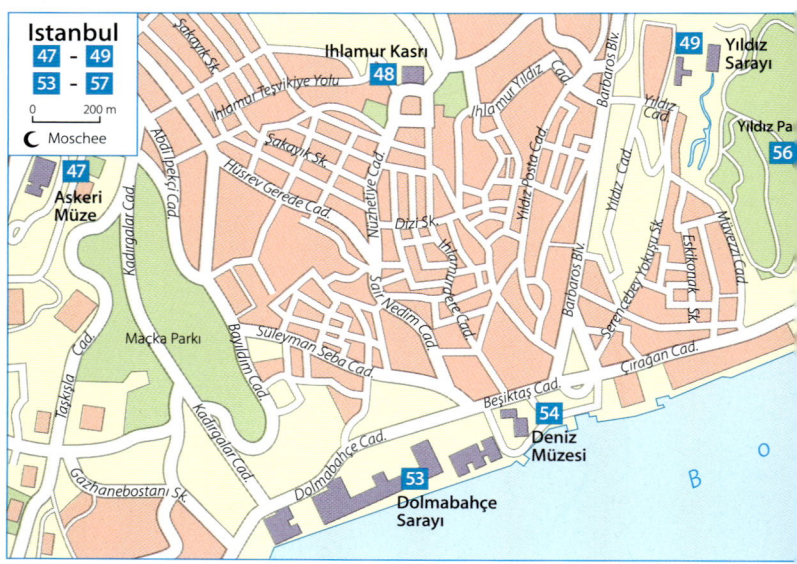

Scharfe Farbsignale – Skulpturen-Schau zwischen Abstraktion und Minimalismus mit Arbeiten der Künstlerin Seyhun Topuz im Istanbul Modern Sanat Müzesi

Das weiter nördlich gelegene Wohnviertel **Kabataş** ist für Touristen als Verkehrsknotenpunkt von Interesse. Am stets von zahllosen Passanten belebten Kai mit seinen Fischbrötchenverkäufern legen die Ausflugsboote zu den *Prinzeninseln* [s. S. 107] ab, aber auch die Fähren nach Karaköy und Üsküdar auf der asiatischen Seite und die Zubringerboote zum *Mädchenturm* [s. S. 114]. Vom Taksim-Platz erreicht man Kabataş mit der unterirdischen Standseilbahn *Funikular*.

52 Dolmabahçe Camii
Dolmabahçe-Moschee

Üppige Barockmoschee am Ufer des Bosporus.

Meclis-i Mebusan Caddesi, Kabataş
Bus: ab Kabataş 25E, ab Taksim 40, 112
(Haltestelle: Akaretler)
Straßenbahn: Kabataş

Die kleine Dolmabahçe Camii, die mit ihren beiden schlanken Minaretten unmittelbar am Ufer des Bosporus aufragt, ist ein schönes Beispiel für den *Osmanischen Barock*. Sie wurde 1853–55 im Auftrag von *Bezmialem Valide*, der Mutter Sultan Abdülmecids I., geschaffen. Den hohen quadratischen Baukörper zieren große, im Bogen angeordnete Fenster, die viel Licht in den mit klaren, geometrischen Mustern geschmückten Gebetsraum lassen. Die vier Eckpfeiler des Außenbaus sind in barocker Manier mit Lisenen, Säulchen, Vasen, Voluten und eleganten Turmhauben geschmückt, ein *Markenzeichen* der Baumeister, das auch am nahen Uhrturm des Dolmabahçe-Palastes wiederkehrt.

Diese Verwandtschaft ist nicht verwunderlich, denn beide Bauwerke wurden von *Garabet Balyan* und seinem Sohn *Nikoğos* entworfen, Mitgliedern einer bedeutenden armenischen Architektenfamilie. Garabets Vater war übrigens Krikor Amira Balyan [s. S. 102], der Begründer des Osmanischen Barock.

Europäisches von Kitsch bis Klassik – Portikus und Schwanenbrunnen des Dolmabahçe Sarayı

53 Dolmabahçe Sarayı
Dolmabahçe-Palast

TOP TIPP *Überschwänglich-pompöse Sultans-residenz im osmanisch-europäischen Stil des 19. Jh.*

Dolmabahçe Caddesi, Kabataş
Tel. 02 12/236 90 00
www.dolmabahce.gov.tr
Führungen Di/Mi und Fr–So 9–16 Uhr
Bus: ab Kabataş 25E (Haltestelle: Aka-retler), ab Taksim 40, 112 (Haltestelle: Akaretler oder Inönü Stadı)
Straßenbahn: Kabataş

Mitte des 19. Jh. erschien *Sultan Abdülme-cid I.* (1823–1861) der Topkapı Sarayı als Herrschersitz nicht mehr zeitgemäß. Da-her ließ er am Bosporus einen Palast nach europäischem Vorbild errichten. Die Be-zeichnung *Dolma bahçe* (aufgeschüttete Gärten) erinnert daran, dass Ahmet I. im 17. Jh. die hiesige verlandete Bucht zum Standort eines Sommerpalais gewählt hatte. Nachdem dieses 1840 abgebrannt war, gab Abdülmecid den Startschuss für sein gewaltiges Bauprojekt.

Die L-förmige Palastanlage im Stil des Neobarock und Neoklassizismus wurde 1842–56 nach Plänen von *Garabet* und

Nikoğos Balyan konstruiert. Hinter der 600 m langen *Prunkfassade* am Bosporus liegen 285 Räume und 46 Salons. Für die orientalisch-opulente *Innenausstattung* wurden allein 14 t Gold und 40 t Silber verarbeitet, der Marmor für die Bäder kam aus Ägypten, das Mobiliar wurde aus Frankreich und Belgien importiert. Fili-grane Intarsien bedecken Wände und Böden, allenthalben prangen feinste Sei-dentteppiche. Mit der *Baufinanzierung* jedoch hatte sich der Sultan gewaltig übernommen, und 1876 folgte der Staats-bankrott. Gleichwohl, bis zum Ende des Osmanischen Reiches blieb der Dolma-bahçe Sarayı die Hauptresidenz der Sul-tane. Später zog *Mustafa Kemal Atatürk* (1881–1938), der Gründer der Türkischen Republik, hier ein.

Zwei Führungen erschließen den Pa-last. Der Rundgang durch den **Harems-flügel** *Harem-i Hümayun* im rückwär-tigen Teil geht durch die Schlafgemächer des Sultans und seiner Frauen, das Emp-fangszimmer der Valide Sultan – und in das *Sterbezimmer Atatürks*, wo der Präsi-dent und Nationalheld am 10. November 1938 verschied.

Architektonisch eindrucksvoller ist die **Selamlık-Tour** durch die Repräsentationsräume des *Mabeyn-i Hümayun*. Zunächst betritt man die große *Eingangshalle*, deren Fenstertüren sich zum Bosporus und zum Garten öffnen. Durch einige Arbeitsräume gelangt man zur grandiosen doppelläufigen *Prunktreppe*, deren Geländer aus Kristall gefertigt sind. Im Obergeschoss reihen sich die *Süfera-Halle* für offizielle Empfänge, private Salons unterschiedlicher Größe sowie Arbeitsräume aneinander, einer kostbarer ausgestattet als der andere. Glanzpunkt des Palastes ist der doppelgeschossige *Muayede-Festsaal* mit seiner von 56 Säulen getragenen Galerie. Schwindel erregend schöne Fantasiearchitekturen gewahrt man beim Blick in die 36 m hohe *Kuppel* mit ihren illusionistischen Malereien. Superlativ ist auch das Geschenk Queen Victorias, ein 4500 kg schwerer *Kristalllüster* aus geschliffenem böhmischen Glas mit 750 Lichtern.

Anschließend schlendert man durch den hübschen, einst wesentlich ausgedehnteren **Garten** mit dem süßlich-verspielten *Schwanenbrunnen*. Sehenswert sind auch die von Soldaten bewachten Tore, die *Prunkportale* auf der Bosporusseite und das imposante *Sultanstor*, welches als Haupteingang des Dolmabahçe Sarayı fungierte. Unweit des gleichfalls repräsentativen *Schatztores* mit Blick auf die Dolmabahçe-Moschee [s. S. 103] erhebt sich der bereits erwähnte üppig barockisierte *Uhrturm* aus den 1870er-Jahren.

Die maritime Geschichte Istanbuls und das Grab des berühmten Seeräuber-Admirals Barbaros Hayreddin.

Hayreddin Paşa Iskelesi Sokak, Beşiktaş
Tel. 02 12/327 43 45
Mi–So 9–17 Uhr
www.denizmuzeleri.tsk.tr
Bus: ab Taksim 25T, 40, 42T, 110, 112, 129T, DT1, DT2, ab Eminönü 28, 325YK1

Zwischen dem Dolmabahçe Sarayı und dem Fähranleger von Beşiktaş breitet das Deniz Müzesi, das *Meeres- und Marinemuseum*, seine Schätze aus. Alte Seekarten und Navigationsinstrumente, Marineuniformen, Waffen und Gemälde, Galionsfiguren und Schiffsmodelle. Erbaulich sind auch die mit raffinierten Schnitzereien garnierten **Prunkbarken** des 19. Jh., mit denen die Sultansfamilien Ausflüge auf dem Bosporus unternahmen.

Vor dem Museum steht die achteckige *Türbe von Barbaros Hayreddin* (geöffnet 4. April, 1. Juli). Unter Sultan Süleyman I. dem Prächtigen war der Pirat (1466–1546) zum Flottenadmiral aufgestiegen und eroberte Algerien und Tunis. Ihm zu Ehren entwarfen *Zühtü Müridoğlu* und *Ali Hadi Bara* 1942 das martialisch wirkende *Bronzedenkmal*, das den Platz zwischen Museum und Busbahnhof dominiert.

Sinnenbetörend-rauschhaft wie eine Wagner-Oper – die Prunktreppe des Dolmabahçe Sarayı

Dem Sultan würde es hier vortrefflich gefallen – Nobelhotel Çırağan Palace Kempinski

55 Çırağan Palace Kempinski
Çırağan Sarayı

Stilvolle Herberge im einstigen Sultanspalast am Bosporus.

Çırağan Caddesi 32, Beşiktaş
Tel. 02 12/326 46 46
www.kempinski.com
Bus: ab Taksim 25E, 40, 40T, 42T, DT1, DT2, ab Kabataş 22, 22RE, 25E, ab Eminönü 30D (Haltestelle Çırağan)

Östlich vom Dolmabahçe Sarayı ließ *Sultan Abdülaziz I.* (1830–1876) von *Nikoğos Balyan* einen Prunkpalast errichten. Hier hatten schon mehrere Schlösser gestanden, waren aber aus Herrscherlaunen immer wieder abgerissen worden. Der 1872 vollendete Çırağan Sarayı brachte seinen Bewohnern kein Glück. Bereits zwei Jahre nach Fertigstellung starb Abdülaziz in seiner neuen Residenz. Nicht viel besser erging es seinem Neffen Murad V., der nach nur drei Monaten als Sultan die Jahre 1876/77 im Çırağan-Palast unter Hausarrest verbringen musste, gefolgt von langer Gefangenschaft im Malta Köşkü [s. S. 107]. 1909 tagte hier zunächst das türkische Parlament, doch 1910 zerstörte ein *Brand* die Anlage, nur die Außenmauern blieben erhalten.

Heute bietet der Çırağan Sarayı ein Bild gediegener Wohnkultur, eine bezaubernde Melange aus europäischem Neoklassizismus und osmanischer Bauornamentik an Portalen, Säulen und Maßwerkfenstern. Der Wiederaufbau führte die fulminanten Hallen und Prunktreppen, Prachtsäle und noblen Salons einer neuen Bestimmung zu – als Luxushotel *Çırağan Palace Kempinski*. In Edelsuiten und Restaurants, im Garten und am Pool kann man sich heute wie ein Sultan fühlen, doch ganz anders als die oben erwähnten Herrscher friedlichen Gemütes den Blick über die Balustraden und Tore auf den Bosporus schweifen lassen.

56 Yıldız Parkı
Yıldız-Park

Zauberhafte Pavillons und Kioske im waldreichen Yıldız-Park.

Eingänge: Çırağan Caddesi, Palanga Caddesi, Höhe Capur Ahmet Sokak, Palanga Caddesi, Höhe Kabalak Sokak
Bus: ab Taksim 25E, 40, 40T, 42T, DT1, DT2, ab Kabataş 22, 22RE, 25E, ab Eminönü 30D (Haltestelle: Çırağan)

Schräg gegenüber vom Çırağan Sarayı liegt einer der drei Eingänge zum 50 ha großen, von einer Mauer umkränzten Yıldız Parkı. Der Garten birgt mehrere schöne Kioske, die eigentlich zum Yıldız Sarayı [s. S. 99] gehören, doch von dort gibt es keinen Zugang mehr. Seit den Tagen *Süleymans I. des Prächtigen* waren die hiesigen bewaldeten Hügel Jagdrevier der Sultane, Anfang des 17. Jh. erfolgte die Umgestaltung zu Palastgärten.

Beim Spaziergang trifft man im Ostteil der Grünanlage auf die Höfische Porzellanfabrik **Yıldız Porselen** (Tel. 0212/260 23 70, Mo–Fr 9–18 Uhr). Zugänglich sind die Werkstätten der Porzellanmaler, welche die Teller, Schalen, Schüsseln, Vasen und Fliesen mit Arabesken und Blumen garnieren.

Weiter hügelan lockt der zweistöckige **Malta Köşkü**, (Tel. 0212/258 94 53, tgl. 9–20/22 Uhr), ein kleines Architekturjuwel, das *Sarkis Balyan* im Auftrag Sultan Abdülazizs erbaute. Die Fassade mit vorspringendem Mittelrisalit und achteckigen Flügeln wird durch rundbogige Fenstertüren und Halbsäulen mit Akanthuskapitellen akzentuiert. Im Inneren begeistern Stuckdecken, Kristalllüster und nobles Mobiliar. Die superbe Ausstattung allerdings wird *Murad V.* nur wenig getröstet haben, er verbrachte hier ab 1877 die restlichen 27 Jahre seines Lebens in Verbannung. Heute ist der Malta-Pavillon vor allem wegen seines feinen Restaurants und der Terrasse mit Bosporusblick als Ausflugsziel beliebt. Ein weiteres Spitzenpanorama ermöglicht der rosafarbene **Çadır Köşkü** von seiner rückwärtigen Terrasse.

Im Nordteil des Yıldız-Parks fasziniert das **Şale Kasr-ı Hümâyunu** (Di/Mi, Fr–So 9–15/16 Uhr) als Sommerschloss im Stil eines Schweizer Chalets von 1870. Zweimal, anlässlich der Besuche Kaiser Wilhelms II. 1889 und 1898, ließ *Sultan Abdülhamid II.* das Palais ausbauen. Der dreigeschossige Holzbau mit Spitzdach wirkt

In den Werkstätten der Yıldız Porselen kann man Porzellanmalerei bewundern

tatsächlich recht alpenländisch. Im Inneren aber herrscht orientalischer Luxus vor. Die wundervollen Intarsienböden, die Türen mit Perlmutteinlegearbeiten, die edlen Möbel und Hereke-Seidenteppiche wirken heiter und unbeschwert vom Pomp der Sultanspaläste.

Die Prinzeninseln – eine Sommerfrische Istanbuls

Etwa 20 km südöstlich der Istanbuler Altstadt liegen die **Prinzeninseln** im Marmarameer, neun hügelige, mit Kiefern- und Pinienwäldern bestandene Eilande, die aufgrund ihres eisenhaltigen rötlichen Gesteins **Kızıl Adalar**, Rote Inseln, genannt werden. Nur die vier größeren, **Büyükada**, **Kınalıada**, **Burgazadası** und **Heybeliada**, sind dauerhaft bewohnt. Etwa 20 000 Menschen leben hier, im Sommer steigt die Zahl leicht auf das Sechsfache.

In byzantinischer Zeit führten Mönche und Nonnen auf den Inseln ein kontemplatives Leben. Es entstanden mehrere Klöster, darunter das **Georgskloster** (10. Jh.) auf Büyükada, das noch heute zu besichtigen ist. Die kirchlichen Refugien wurden schon früh als Verbannungsorte für missliebige Mitglieder des Hofes genutzt, so im 8. Jh. für *Kaiserin Irene*, Mutter von Konstantin VI. Damals erhielt die größte der Inseln den Namen *Prinkipo* (Prinz).

Um 1900 entdeckte das **Istanbuler Bürgertum** die Inselchen als Naturidyllen, und schon bald entstanden hölzerne Sommerhäuschen an den schönen Gestaden. Sie tragen noch heute zum Charme der beliebten Ausflugsinseln bei, die übrigens für Motorfahrzeuge gesperrt sind. Inselrundfahrten unternimmt man daher in romantischem Stil, per Pferdekutsche. An Feier- und Ferientagen kommen viele Familien aus der Metropole hierher, um im Schatten der Kiefern zu picknicken oder in einem der Fischrestaurants zu speisen, welche die Uferpromenaden um die Fähranleger säumen.

Info: IDO-Fähre (Tel. 0212/444 44 36, www.ido.com.tr), tgl. ab Kabataş und Bostancı. Die Fähren steuern die vier größeren Inseln an.

57 Ortaköy Camii

Barockmoschee vor der Kulisse der ersten Bosporusbrücke.

Fähre ab Beşiktaş
Bus: ab Taksim 40, 40T, 42T, ab Kabataş 22, 22RE, 25E (Haltestelle: Ortaköy Iskele Meydanı)

Am malerischen Hafenbecken von Ortaköy erhebt sich die *Büyük Mecidiye Camii* (Große Imperiale Moschee), besser bekannt als Ortaköy Camii. Das einstige Postkartenidyll steht in interessantem Kontrast zur 1973 eröffneten Hängebrücke **Boğaziçi Köprüsü**, mit 1560 m eine der längsten Hängebrücken der Welt. *Nikoğos Balyan* schuf die weiße Marmor-Moschee 1854 im Auftrag Sultan Abdülmecids I. Der überkuppelte Zentralbau im Stil des *Osmanischen Barock* wird von vier Ecktürmen mit barocken Dachhauben gerahmt. Aus den zweistöckigen Nebengebäuden wachsen die beiden Minarette empor. Vom engen Hof auf der Landseite führt eine geschwungene Treppe in den Vorraum des Gebetssaals hinauf.

Im Schatten der Moschee laden heute gemütliche Cafés und Restaurants zum Verweilen ein. Sonntags findet in den angrenzenden Gassen ein großer **Floh- und Wochenmarkt** statt, der Hausfrauen, Studenten, Touristen, Künstler, Teppichhändler und Bauchladenbesitzer aus der Umgebung anzieht. Eine kulinarische Spezialität sind hier *Kumpir*, Riesenkartoffeln mit unterschiedlicher Füllung von Quark über Gemüse bis Hackfleisch.

58 Rumeli Hisarı
Rumeli-Festung

Die osmanische Festung bietet einen grandiosen Blick über den Bosporus.

Yahya Kemal Caddesi, Bebek-Sariyer
Tel. 0212/263 53 05
Do–Di 8.30–16.30 Uhr
Bus: ab Taksim 40, 40T, 42T, ab Kabataş 22, 22RE, 25E (Haltestelle: Rumelihisarı)

Kurz hinter der Uferpromenade von Bebek mit seinen schicken Cafés ziehen in Sichtweite der 1988 eröffneten **Fatih-Brücke** mächtige Mauern den waldgrünen Hang hinauf, kontrollieren drei große und mehrere kleine trutzige Türme das schmale Ufer, die Anhöhe und den hier

Dynamische Kombination – die schmuck-kästchenhafte Ortaköy Camii im Schatten der ersten Bosporusbrücke

nur etwa 660 m breiten Bosporus. Sie gehören zur Rumeli Hisarı, der Europäischen Festung, benannt nach ihrem Standort am Westufer des Bosporus, gegenüber der *Anadolu Hisarı* [s. S. 116], der Schwesterfestung auf asiatischer Seite.

Erbaut wurde das Sperrfort im Auftrag *Sultan Mehmeds II.* im Jahr 1452, um während der Belagerung Konstantinopels den Schiffsverkehr vom Schwarzen Meer kontrollieren zu können. Der Sultan betraute drei seiner Befehlshaber mit jeweils einem Bauabschnitt. Zwischen den dreien entspann sich – ganz im Sinne des Sultans – ein erbitterter Wettstreit, und in nur vier Monaten Bauzeit hatten 3000 Arbeiter und Soldaten das gewaltige Bollwerk vollendet. Die großen Rundtürme tragen noch heute die Namen der Erbauer: **Halil Paşa Kulesi** gleich links vom Eingang, **Zağanos Paşa Kulesi** im Südwesten und **Saruca Paşa Kulesi** im Nordwesten. Und von der begehbaren Mauerkrone bietet sich ein stimmungsvolles Bosporuspanorama.

Nach der Einnahme Konstantinopels 1453 diente das Fort als Zollstation, später auch als Kaserne und Gefängnis. Heute finden hier an Sommerabenden häufig Freiluftkonzerte statt.

Pittoreskes Panorama – die Rumeli-Festung erhebt sich nach der schmalsten Stelle des Bosporus mit Blick auf die Fatih-Brücke

Das hübsche Anadolu Kavağı mit byzantinischem Fort ist Endstation der Bosporustour

 ## Bosporustour – ein Ausflug ans Schwarze Meer

Der rund 30 km lange Bosporus (griech. Furt der Kuh) verbindet das **Schwarze Meer** mit dem **Marmarameer**. Der Name der Wasserstraße entstammt der *Mythologie*. Von seiner eifersüchtigen Gattin Hera überrascht, verwandelte **Zeus** seine Geliebte **Io** kurzerhand in eine Kuh und verhalf ihr zur Flucht. Hera jagte eine Bremse hinter Io her, sodass diese in ihrer Verzweiflung die Meerenge zwischen **Europa** und **Asien** durchschwamm. Erst in Ägypten fanden Zeus und Io wieder zueinander.

Eine **Schifffahrt** auf dem Bosporus vorbei an bewaldeten Hügeln mit *Palästen*, *Burgen* und *Holzvillen* zählt zu den Höhepunkten jeder Istanbulreise. Die Ausflugsboote starten am Fähranleger von Eminönü (Boğaz Hatti, Pier 3, s. S. 76). Die städtische **IDO-Fähre** legt einige Zwischenstopps ein, während alle anderen Anbieter ohne Halt bis zur Endstation in Anadolu Kavağı fahren.

Kurz hinter *Kabataş*, dem ersten Stopp nach der Galatabrücke, liegen linker Hand die **Dolmabahçe-Moschee** und der pompöse **Dolmabahçe Sarayı**, dann jenseits von *Beşiktaş* das Luxushotel **Çırağan Palace Kempinski**, ein früherer Sultanspalast. Es folgt die **Ortaköy Camii** vor der Kulisse der ersten Bosporusbrücke. Im Osten rückt der prächtige, von europäischen Stilformen geprägte **Beylerbeyı Sarayı** ins Blickfeld. Nun nähert sich das Schiff der Stelle, an der beide Bosporusbrücken gleichzeitig zu sehen sind. Stromaufwärts sieht man die beiden Festungen **Rumeli Hisarı** und **Anadolu Hisarı**.

Ein Stück davor steht am Ostufer das Sultansschlösschen **Küçüksu Kasrı**. Am Westufer folgen mit **Arnavutköy** und **Bebek** die schmucken *Bosporusdörfer*, die mit ihren Jachthäfen und den traditionellen Holzvillen (*Yalı*) mediterranen Charme ausstrahlen. Ihr Pendant auf der rechten Seite heißt **Kanlica**, links sieht man nun **Istinye** mit dem wegen seiner Tulpenpracht berühmten *Emirgan Parkı*. In **Tarabya**, ebenfalls auf der europäischen Seite, unterhält die Deutsche Botschaft ein stattliches Sommerhaus, ein Geschenk aus der Schatulle *Sultan Abdülhamids II.* von 1880.

In **Sariyer** lockt das *Sadberk-Hanım-Museum* (Büyükdere Piyasa Caddesi 27–29, Tel. 02 12/242 38 13, www.sadberk hanimmuzesi.org.tr, Do–Di 10–17 Uhr) mit archäologischen und kunsthandwerklichen Schätzen. Von hier ist es nicht mehr weit bis **Rumeli Kavağı**, dem letzten Halt vor der Endstation in **Anadolu Kavağı**. Dieses Dörfchen ist für seine guten Fischrestaurants bekannt.

Daneben lockt auf einer Anhöhe eine byzantinische **Burgruine** mit schöner Aussicht. Von hier oben kann man dem Verlauf des Bosporus vom Schwarzen Meer gen Süden folgen. Stets gibt es aus luftiger Höhe zahlreiche bombastische Tanker und Frachter zu bewundern, die im Bosporus auf die Erlaubnis warten, in Richtung Marmarameer zu starten.

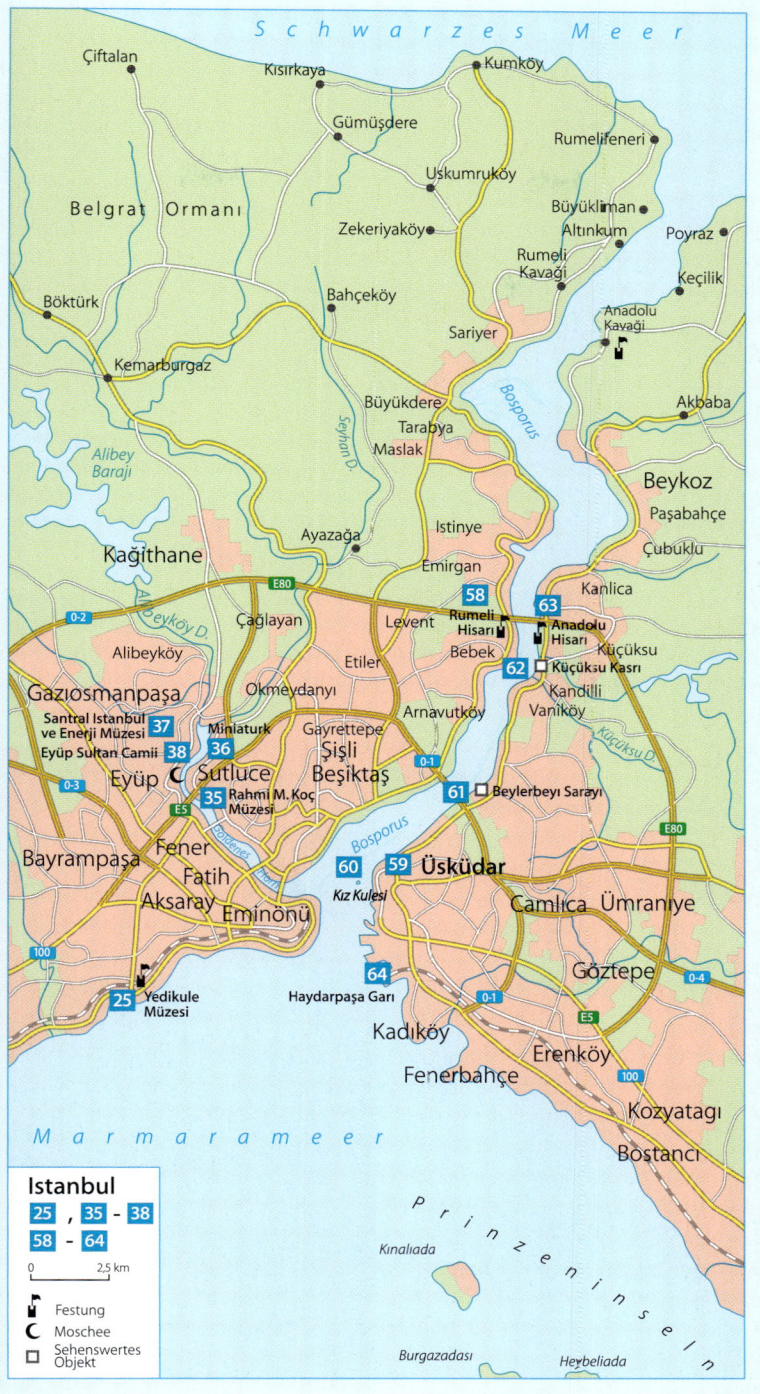

Istanbul
25 , 35 - 38
58 - 64

0   2,5 km

Festung
Moschee
Sehenswertes Objekt

Anadolu – das asiatische Bosporusufer mit Üsküdar und Mädchenturm

Griechen gründeten hier am asiatischen Bosporusufer im 7. Jh. v. Chr. die Siedlungen *Chalcedon* und *Hrisopolis*, Keimzellen der heute so beliebten Istanbuler Wohn- und Geschäftsviertel **Kadıköy** und **Üsküdar**. Weitere Orte und Stadtteile kamen im Laufe der Jahrhunderte hinzu. Heute leben mehr als die Hälfte der Istanbuler in **Anadolu**, auf der asiatischen Seite der Stadt. Sie hat sich inzwischen stark ausgedehnt und reicht nun von der Küste des Marmarameeres bis weit ins hügelige Hinterland hinein und fast bis zum Schwarzen Meer. Annähernd 3 Mio. Menschen, die auf dieser Seite leben, aber in Europa arbeiten, pendeln täglich mit einer der **Bosporusfähren** zwischen den Kontinenten. Einer der wichtigsten Verkehrsknotenpunkte auf der asiatischen Seite ist der **Fähranleger** in Üsküdar. Unweit der Anlegestelle gibt es gleich mehrere interessante Moscheen, darunter die von Sinan am Hang konstruierte **Mihrimah Camii** und die benachbarte **Yeni Valide Camii**. Bosporusaufwärts haben sich die Sultane zwei Sommerpaläste errichten lassen, den **Beylerbeyı Sarayı** und das kleinere **Küçüksu Kasrı**, beide im opulenten *Osmanischen Barock* des 19. Jh. dekoriert.

59 Üsküdar

Quirliges Verkehrszentrum mit sehenswerten Moscheen.
www.uskudar-bld.gov.tr
Fähre: ab Eminönü oder Kadıköy
IDO 5, ab Beşiktaş IDO 4
Bus: ab Kadıköy z. B. 12H, 16A, 16F, 16M, 16U, 320A (Haltestelle: Üsküdar)

In byzantinischer Zeit war Üsküdar, damals noch ein kleines Dorf, unter dem Namen **Skutarion** bekannt. Erst nach seiner Eroberung durch *Sultan Orhan Gazi* im Jahr 1352 kam mit dem Ausbau des Hafens der Aufschwung.

Heute leben etwa 1 Mio. Menschen in Üsküdar, das vom Fähranleger Harem im Süden bis beinah zur zweiten Bosporusbrücke im Norden reicht. Zentrum ist der belebte **Üsküdar Meydanı** mit Fähranleger und Busbahnhof. Rechter Hand fällt ein rechteckiger Brunnen mit weit vorkragendem Dach ins Auge, der **Ahmet**

Hinreißendes Panorama – Kız Kulesi, der Mädchenturm, und die Altstadt mit Blauer Moschee, Hagia Sophia und Topkapı Sarayı

Paşa Kuyusu. *Sultan Ahmet III.* ließ ihn 1728 zu Ehren seiner Mutter Emetullah Rabia Gülnuş Valide Sultan errichten. Die Marmorwände an der stadtzugewandten Seite zieren Gedichte berühmter Poeten des 18. Jh. Der Sultan, selbst ein versierter Kaligraph, trug auf der Seeseite eigenhändig einen Vers bei, der mit seiner Tuğra signiert ist.

Ein *Spaziergang* entlang der Uferpromenade bietet herrliche Ausblicke auf die europäische Seite Istanbuls, besonders stimmungsvoll ist die Kulisse im abendlichen Lichterglanz. Beliebtester Teil der Flaniermeile ist **Salacak** zwischen dem Fähranleger Harem und dem Mädchenturm. Hier findet man auch mehrere gute Lokale.

Mihrimah Camii

Gegenüber vom Kai erhebt sich auf einer Terrasse am Hang die zweitürmige Mihrimah Camii, auch *Iskele Camii* (Moschee an der Anlegestelle) genannt. *Sultan Süleyman I. der Prächtige* hatte sie 1543–48 von Hofbaumeister *Sinan* [s. S. 56] zu Ehren seiner Tochter Mihrimah errichten lassen. Von der Straße führen einige Stufen hinauf zu dem eher ungewöhnlichen Zentralkuppelbau, der nur auf drei Seiten von jeweils einer großen und zwei kleinen Halbkuppeln flankiert ist. Die Vorderseite dagegen gibt den Blick frei auf eine spärlich durchfensterte Schildwand. Ungewöhnlich präsentiert sich auch die schmale *Vorhalle*. Sie ist vollständig überdacht und erinnert ein wenig an eine Veranda. Das Innere der Moschee wird durch die Fenster in Kuppeltambour und Schildwand nur sparsam beleuchtet. Besonders sehenswert ist der schöne, üppig mit Reliefs verzierte Minbar.

Yeni Valide Camii

Schräg gegenüber, an der breiten, südwärts verlaufenden Hakimiyeti Milliye Caddesi, ragt die Yeni Valide Camii auf, die Neue Moschee der Sultansmutter. Wie den Brunnen auf dem Üsküdar Meydanı hatte *Sultan Ahmet III.* sie 1708–10 für seine Mutter Emetullah Rabia Gülnuş Valide Sultan (1647–1715) errichten lassen. Sie ist in der *Türbe* links vom Haupteingang beigesetzt. Das oktogonale Grabmal präsentiert sich untypisch, begrünt und oben offen, nur von Marmorsäulen und Gitterfenstern flankiert. Dem klassischen Muster folgt dagegen die von *Mehmed Ağa* geschaffene Moschee. Im Vorhof erhebt sich ein zierlicher achteckiger *Reinigungsbrunnen*, der Wasser durch verzierte Bronzegitter spendet. Die Kuppel

über dem oktogonalen Gebetssaal wird von acht kräftigen Säulen getragen und von mehreren Halbkuppeln begleitet.

Beachtenswert ist auch die **Atik Valide Camii** (Çinili Camii Sokak/Valide Imaretı Sokak), die *Alte Moschee der Sultansmutter*. Sinan erbaute die Anlage mit Medrese, Hospital, Armenküche und Karawanserei 1571–83 als letztes Monumentalwerk, immerhin der zweitgrößte Moscheenkomplex nach der Süleymaniye, für *Nurbanu* (1525–1583), die Mutter von Murad III.

Die nahe kleine **Çinili Camii** (Çinili Camii Sokak) von 1640 ist mit bezaubernder blauer Iznik-Keramik dekoriert und wird daher auch *Fayencen-Moschee* genannt. Beide Sakralbauten sind nur zu den Gebetszeiten geöffnet.

60 Kız Kulesi
Mädchenturm

Markanter Wachturm auf einer kleinen Bosporusinsel nur wenige Hundert Meter vor der asiatischen Küste.

Salacak Mevkii, Üsküdar, Tel. 02 16/342 47 47, www.kizkulesi.com.tr
Untertags kostenpflichtig, abends mit Restaurantreservierung frei
Kız Kulesi Café tgl. 9–18.45 Uhr,
Kız Kulesi Restaurant tgl. 20–0 Uhr,
Fähre: Motorboot ab Salacak (Üsküdar) tgl. 9–18.45 und 20.15–0.30 Uhr,
ab Kabataş tgl. 9–18.45 und 20, 20.45, 21.30, Rückfahrt 23, 23.45, 0.30 Uhr

In diesen Mauern rettete *Pierce Brosnan* alias 007 James Bond wieder einmal die Welt. Die spannenden Filmszenen aus ›Die Welt ist nicht genug‹ (1999) machten den Mädchenturm über Nacht berühmt. Dessen Charme liegt im unbekümmerten Kontrast zwischen dem bulligen Unterbau und dem eleganten Aussichtsgeschoss mit tellerförmigem Balkon, darüber thronen eine beschwingte Glockenhaube und der minarettspitze Antennenmast. Das Bauwerk treibt malerisch nur wenige Hundert Meter von der asiatischen Küste entfernt auf einem *Inselchen* im Bosporus und bietet besonders abends bezaubernde Ausblicke auf das Lichtermeer zu beiden Seiten der Meerenge.

Der byzantinische *Kaiser Manuel I. Komnenos* hatte den Kız Kulesi auf den Fundamenten eines antiken Vorgängerbaus im 12. Jh. als **Wachturm** errichten lassen, um von hier aus den Schiffsverkehr besser kontrollieren zu können. Gleichzeitig bot sich das Inselchen zwischen Europa und Asien als Treffpunkt für byzantinische und osmanische Diplomaten an. Mitte des 14. Jh. kam es hier sogar zu einem ›Gipfeltreffen‹ zwischen *Sultan Orhan Gazi* (reg. 1326–59) und *Kaiser Johannes VI. Kantakuzenos* (reg. 1347–54). Später diente der Bau als *Gefängnis*, *Leuchtturm*, *Zoll-* und *Quarantänestation*. Heute ist der nach einem Brand im 18. Jh. in seiner jetzigen Form wieder aufgebaute Turm ein beliebtes Ausflugsziel.

Mädchenturm heißt er nach einer Prinzessin, der ein früher Tod durch Schlangenbiss geweissagt worden war. Ihr Vater wollte sie vor diesem Schicksal bewahren und wies ihr als Domizil den Wachturm

Legendenumwobenes Ambiente – der Kız Kulesi bietet heute erlesene Gaumenfreuden

Graziöse Säulenkadenzen in rauer Schale – der Beylerbeyı Sarayı, ein Blickfang am Bosporus

auf der Insel zu. Jeden Tag wurden ihr in Körben die erlesensten Speisen gebracht. Doch als sie eines Tages nach Trauben griff, schreckte eine unter den Früchten verborgene Schlange auf und gab ihr den tödlichen Biss. Heute kann man im Kız Kulesi übrigens ebenso gut, aber ganz gefahrlos essen.

61 Beylerbeyı Sarayı
Beylerbeyı-Palast

Charmanter Neobarockpalast als Sommerfrische, heute im Schatten der ersten Bosporusbrücke.

Çayırbaşı Caddesi, Beylerbeyı
Tel. 02 16/321 93 20
www.beylerbeyi.gov.tr
Besichtigung nur mit Führung
Di/Mi, Fr–So 9–15 Uhr
Bus: ab Üsküdar 15, 15B, 15C, 15H, 15KÇ, 15M, 15N, 15P, 15R, 15S, 15ŞN, 15U, 15Y; ab Kadıköy 14M, 15ÇK, 15F
Fähre: Bosphorus Line 1 über Beşiktaş, Mo–Sa: 7.50–19.35 Uhr (ab Eminönü), 7.15–18.25 Uhr (ab Beylerbeyı)

Ein wahres Schmuckstück osmanischer Palastarchitektur des 19. Jh. fristet heute im Schatten der ersten Bosporusbrücke *Boğaziçi Köprüsü* ein bescheidenes Dasein. Dabei kann es der Beylerbeyı Sarayı bezüglich Fassadengestaltung und In-nendekor durchaus mit dem Dolmabahçe Sarayı [s. S 104] aufnehmen. *Sarkis Balyan*, Sohn des Dolmabahçe-Erbauers Garabet Balyan, errichtete den barocken **Sommerpalast** für ausländische Staatsgäste 1860–65 im Auftrag von *Sultan Abdülaziz I.* (1830–1876). Hier nächtigten der britische König Edward VIII., die französische Kaiserin Eugénie, der österreichische Kaiser Franz Joseph und andere mehr. Weniger glanzvoll dürfte der Aufenthalt von *Sultan Abdülhamid II.* (1842–1918) gewesen sein, der nach seiner Absetzung 1909 die letzten Jahre seines Lebens hier verbrachte.

Die zum Bosporus blickende **Prunkfassade** wird durch Risalte sowie zahlreiche Säulen, Pilaster und hohe Rundbogenfenster stark vertikal akzentuiert. Die 26 Salons und Zimmer brillieren mit edler Ausstattung, mit feinen Holzintarsien an Türen und Wandpaneelen, kunstvoll geschnitzten Möbeln, üppigen böhmischen Kristallleuchtern und blumenübersäten Buntglasfenstern. An der Nahtstelle zwischen dem öffentlichen Bereich des Hauses, *Mabeyn*, und dem der Familie vorbehaltenen *Harem* stellt der **Pool Salon** einen großen Marmorspringbrunnen zur Schau. Von der bemalten und vergoldeten Kassettendecke hängt ein opulenter Kristallüster. Eine breite Treppe führt von hier ins Obergeschoss, wo sich der **Blaue**

Salon öffnet. In der Mitte des riesigen Saales zieht ein 140 m² großer *Hereke-Seidenteppich* die Blicke auf sich. Augenweiden sind ferner der **Kaptan Paşa Salon**, der von den Schiffsgemälden an Wänden und Decke bis zu den Knotenornamenten an den Möbeln über Sultan Abdülaziz' für die Seefahrt widerspiegelt, sowie das **Arbeitszimmer**, für das der als Schreiner ausgebildete Sultan Abdülhamid II. Möbel fertigte.

Beim Schlendern durch den **Garten** genießt man einen schönen Blick auf die Ortaköy Camii auf der anderen Seite des Bosporus. Am Ende des Parks sieht man eine künstliche Grotte und die Fundamente einer byzantinischen Kirche.

62 Küçüksu Kasrı
Küçüksu-Sommerpalast

Üppiger Osmanischer Barock im kleinen Palast am Bosporus.

Küçüksu Caddesi, Göksu
Tel. 02 16/332 02 37
Di/Mi, Fr–So 9.30–16/17 Uhr,
Besichtigung nur mit Führung
Bus: ab Üsküdar 15, 15H, 15N, 15P, 15Y,
ab Kadıköy 14M
Fähre: Beşiktaş–Küçüksu, Mo–Fr 7.55,
18.30 und 19.30 ab Beşiktaş, 7.30, 8.30
und 19 Uhr ab Küçüksu

Bereits die ersten Sultane schätzten die Idylle an der Mündung des Flüsschens Küçüksu in den Bosporus als **Sommerfrische**, doch lange gab es hier nur einen hölzernen Pavillon. Er wurde 1856 im Auftrag *Abdülmecids I.* durch einen zweistöckigen Palast nach Plänen *Nikoğos Balyans* ersetzt. Doch damit nicht genug, nun ließ der Sultan das Schlösschen vollständig mit weißem Marmor verkleiden und mit einer überwältigenden Fülle fein gemeißelter Reliefs dekorieren. Die Schaufassade am Bosporus mit ihren Blattkapitellen, Girlanden, Füllhörnern und Ranken kulminiert in einem ovalen Medaillon in Gold auf Grün mit der Tuğra des Sultans.

Dieses bei allem Überfluss doch anmutige Äußere findet seine Entsprechung im **Inneren**, das *Charles-Polycarpe Séchan* (1803–1874) gestaltete, Theaterarchitekt und Bühnenbildner der Pariser Oper. Er setzte die minutiösen Holzintarsien an Wand und Boden, die raumhohen Fenster, Türen und Spiegel, die Kristalllüster und Seidenteppiche, die kostbaren Möbel, vergoldeten Kamine und majestätischen Vasen wirkungsvoll in Szene.

63 Anadolu Hisarı
Anatolische Festung

Mächtiges Bollwerk am Bosporus.

Anadolu Hisarı, Üsküdar/Beykoz
Bus: ab Üsküdar 15, 15KÇ, 15P, 15N; ab Kadıköy 15F (Haltestelle: Anadolu Hisarı)

Weiter flussaufwärts, südlich der zweiten Bosporusbrücke *Fatih Sultan Mehmed Köprüsü*, ist die mit rund 660 m engste Stelle des Bosporus erreicht. Hier liegt gegenüber der *Rumeli Hisarı* [s. S 108] die ältere Anatolische Festung. *Sultan Beyazıt I.* hatte das mächtige Mauerfünfeck um einen wuchtigen, 25 m hohen Viereckturm 1390–94 errichten lassen, bevor er 1395 die Zweite Belagerung von Konstantinopel befahl. Da diese erfolglos blieb, erweiterte *Sultan Mehmed II.* die Anlage gut 50 Jahre später noch einmal. Mittels der beiden Burgen gelang es nun, den Nachschub für die byzantinische Kapitale vom Schwarzen Meer her abzuschneiden, ein wesentlicher Faktor für die erfolgreiche Eroberung der Stadt im Jahr 1453. Die hiesige Festung ist zwar nicht zugänglich, doch ein Besuch lohnt sich trotzdem, denn ihre verwitterten Steinmauern kontrastieren malerisch mit den schmucken hölzernen **Yalıs** zu ihren Füßen, die das Großbürgertum im 18./19. Jh. am Bosporus errichten ließ.

64 Haydarpaşa Garı
Bahnhof Haydarpaşa

Der imposante Bahnhof fungierte einst als Tor zum Orient.

Haydarpaşa Istasyon Caddesi, Haydarpaşa
Tel. 02 16/336 04 75
Fähre: ab Karaköy Mo–Fr 6.10–23, Sa/So/Fei 6.30–23 Uhr, ab Kadıköy Mo–Fr 6.15–23, Sa/So/Fei 6.30–23 Uhr (Anlegestelle: Haydarpaşa)

Der neoklassizistische Haydarpaşa-Bahnhof ist ein gewaltiger schlossähnlicher Dreiflügelbau mit runden Ecktürmen, Rundbogenportalen und endlosen Fensterfluchten. Nach Zerstörungen in Folge einer Tankerexplosion 1979 wurde der Komplex in alter Pracht restauriert. Heute starten hier Vorortbahnen und Züge in den Osten der Türkei, nach Ankara, Konya, Adana oder Gaziantep. Zu Beginn des 20. Jh. ging es noch viel weiter, damals

Florence Nightingale – The lady with the lamp

Nordwestlich des Haydarpaşa-Bahnhofs krönt die imposante Kaserne **Selimiye Kışlası** (Çeşme-i Kebir Caddesi, Fährstation Harem) einen Hügel am Bosporus. Der Vierflügelbau mit den massigen Ecktürmen stammt aus dem 19. Jh. Er diente im Krimkrieg (1853–56) als Lazarett für die britischen und französischen Soldaten, die an der Seite der türkischen Armee gegen Russland kämpften. Traurige Bekanntheit erlangte das Lazarett ab 1854, als Kriegsberichterstatter in den englischen Tageszeitungen auf die katastrophalen Zustände aufmerksam machten: schlecht ausgebildete Pflegekräfte, die meisten von ihnen waren selbst Soldaten, unbelüftete Krankensäle in denen die Ratten lebten, verunreinigtes Wasser. Oftmals war die tatsächliche Todesursache der Soldaten nicht ihre auf dem Schlachtfeld erlittene Kriegsverletzung, sondern eine Ansteckung auf der Pflegestation mit Cholera und Typhus. Unter dem Druck von Presse und Öffentlichkeit entsandte die britische Regierung schließlich 38 Krankenschwestern unter der Leitung von **Florence Nightingale** (1820–1910). Vor Ort setzte sie Veränderungen in der Pflege durch, verbesserte die hygienischen Zustände, versorgte die Soldaten mit Nahrung und Medikamenten. Die Sterblichkeitsrate im Selimiye-Lazarett sank von anfangs 20 % auf 2 %. Ihre nächtlichen Kontrollgänge durch die Krankenstation brachten ihr zudem den Beinamen ›Lady with the lamp‹, die ›Dame mit der Lampe‹ ein.

Die britische Presse verfolgte ihren Einsatz mit großem Interesse. Als der ›Engel der Verwundeten‹ 1857 in die Heimat zurückkehrte, war Florence Nightingale eine Nationalheldin. Sie nutzte ihren Ruhm und gründete u.a. 1860 in London eine richtungsweisende Krankenschwesternschule. Ihr Name gilt heute als Synonym für hingebungsvolle Krankenpflege.

In den original belassenen ehemaligen Wohn- und Studierräumen der Florence Nightingale im Nordostturm der Selimiye-Kaserne ist ihr heute ein kleines Museum gewidmet (Anmeldung unter Tel. 0216/343 73 10).

---

war Bagdad Endpunkt der rund 1600 km langen Strecke. Der Haydarpaşa-Bahnhof entstand 1906–08 als Startpunkt für die **Bagdadbahn**. Mit dem Ausbau der Trasse wollte *Kaiser Wilhelm II.* (1859–1941) den Einfluss der Deutschen auf die damals von Briten und Franzosen dominierte Region verstärken. Die Pläne für die Bahnlinie stammten von Otto Ritter und Helmut Cuno.

Etwa auf Höhe des Haydarpaşa-Bahnhofs beginnt die **Bağdat Caddesi**, die sich parallel zum Bosporusufer durch das Viertel Kadıköy rund 15 km südostwärts zieht. Die *Cadde*, wie sie von jungen Istanbulern kurz genannt wird, ist das asiatische Pendant zur *Istiklal Caddesi* [s. S. 93] auf der europäischen Seite. Auch hier reihen sich Restaurants und Cafés, Kaufhäuser und Boutiquen aneinander, wetteifern Sportartikelhersteller und Designer um die Aufmerksamkeit der Kundschaft. Die angesagtesten Shops finden sich im Bereich *Caddebostan*. Bei *Suadiye* endet die Cadde nicht weit von der *Fährstation Bostancı* zu den Prinzeninseln.

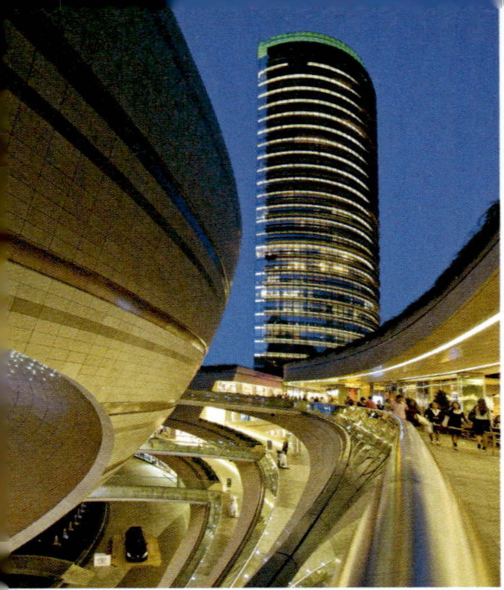

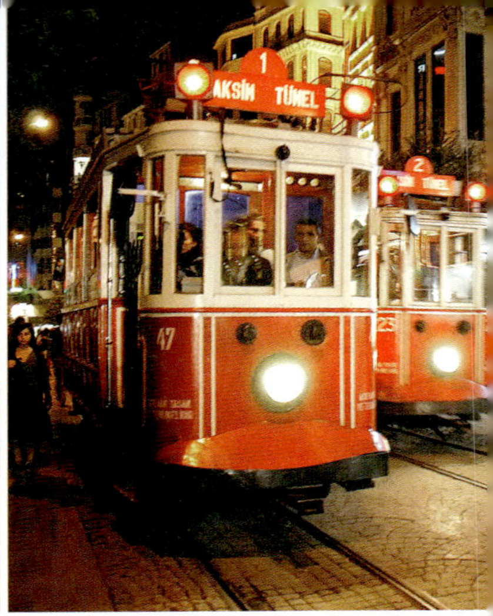
1
TÜNEL
47

TAKSi
84
TAKSi
37

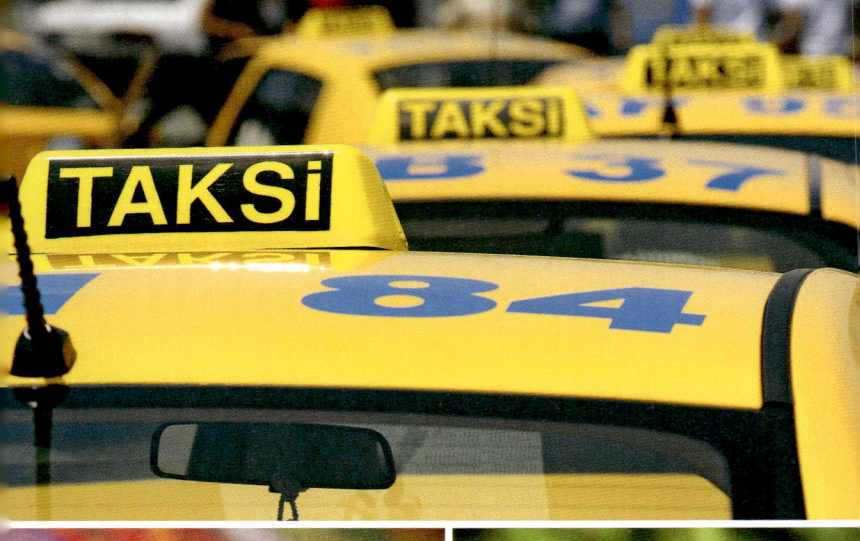

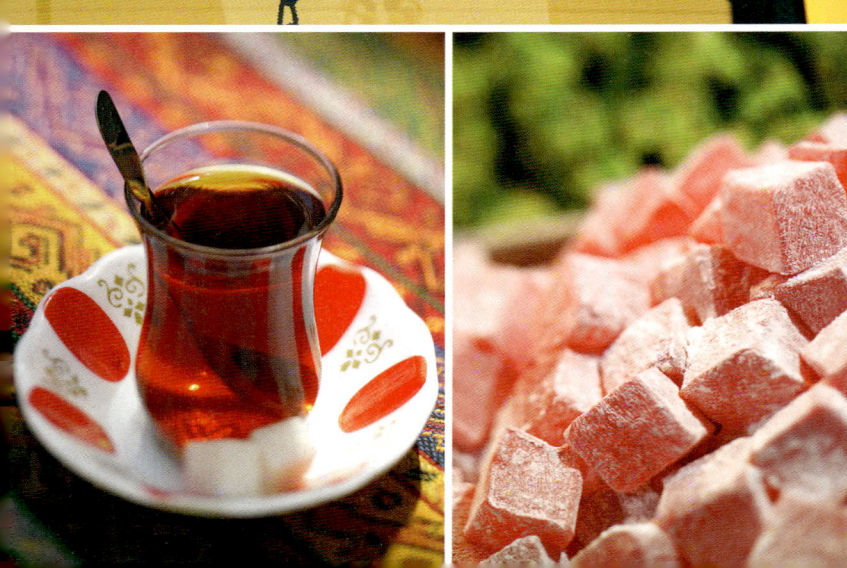

Istanbul aktuell A bis Z

Vor Reiseantritt

ADAC Info-Service:
Tel. 018 05/10 11 12 (0,14 €/Min.)

Unter dieser Nummer können ADAC-Mitglieder kostenloses **Informations- und Kartenmaterial** anfordern.

ADAC im Internet:
www.adac.de
www.adac.de/reisefuehrer

Istanbul im Internet:
www.istanbul.com
www.goturkey.com
www.reiseland-tuerkei-info.de

Reiseinformationen

Deutschland

Türkisches Fremdenverkehrsamt, Baseler Str. 35–37, 60329 Frankfurt/M., Tel. 069/23 30 81, info@reiseland-tuerkei-info.de

Kulturabteilung der Türkischen Botschaft, Rungestr. 9, 10179 Berlin, Tel. 030/214 37 52, info@tuerkei-kultur-info.de

Schweiz

Türkisches Generalkonsulat, Kultur und Informationsamt, Stockkerstr. 55, 8002 Zürich, Tel. 04 42 21 08 10, info@tuerkei-info.ch, www.tuerkei-info.ch

Österreich

Informationsabteilung für Kultur und Fremdenverkehr in der Türkischen Botschaft, Singerstr. 2/8, 1010 Wien, Tel. 01/512 21 28, www.turkinfo.at

Allgemeine Informationen

Reisedokumente

Für Deutsche und Schweizer genügt bei Einreise mit dem Flugzeug offiziell der Personalausweis. Bei Grenzübertritt mit dem Auto muss der Fahrer seinen Reisepass vorlegen, in welchem der Pkw vermerkt wird. Österreicher benötigen für die Einreise einen Reisepass und ein Visum, das vor Ort ausgestellt wird.

Kfz-Papiere

Führerschein und Zulassungsbescheinigung Teil 1 (vormals Fahrzeugschein). Internationale Grüne Versicherungskarte wird empfohlen, ebenso Vollkasko- und Insassenunfallversicherung.

Krankenversicherung

Auslandskrankenscheine der Krankenkassen berechtigen zur kostenfreien Behandlung in öffentlichen Krankenhäusern und bei Vertragsärzten. Falls Zuzahlungen anfallen, Rechnung mit genauer Leistungsbeschreibung verlangen. Zusätzlich empfiehlt sich eine private Reisekranken- und Rückholversicherung.

Reisemedizinische Hinweise für ADAC Mitglieder: Tel. 089/76 76 77

Hund und Katze

EU-Heimtierausweis mit Kennzeichnung des Tieres, tierärztliches Gesundheitszeugnis (nicht älter als eine Woche vor Einfuhr). Für Tiere über 3 Monate Impfungen gegen Tollwut, Parvovirose, Distember, Hepatitis und Leptospirose. Impfungen müssen mindestens 15 Tage vor Einreise erfolgt sein.

Zollbestimmungen

In die Türkei kann jede Person ab 18 Jahren zollfrei einführen: 400 Zigaretten, 150 Zigarillos oder Zigarren, 500 g Pfeifen- oder 200 g Kau- oder 50 g Schnupftabak, 1 Flasche Alkohol à 1 l oder 2 Flaschen à 0,75 l, 1,5 kg Kaffee, 500 g löslicher Kaffee oder Tee, 1 kg Schokolade, 1 kg Süßigkeiten, max. 600 ml Parfüm. Geschenke dürfen bis zu einem Wert von max. 300 €

Szenen einer Großstadt namens Istanbul – kurvenreiches Kanyon Shopping Center, nostalgische Tramvayı in der Istiklal Caddesi, Taxi-Kolonne, oder Gelb ist Trumpf. Rot, heiß und süß – türkischer Tee und Lokum

zollfrei eingeführt werden (vollständige Liste bei der Türkischen Botschaft Berlin, www.tcberlinbe.de).

Devisen dürfen unbegrenzt eingeführt werden. Devisenausfuhr ist bis zu einem Gegenwert von 5000 USD gestattet.

Reisefreigrenzen für die **Einfuhr nach Deutschland** aus dem Nicht-EU-Land Türkei für den persönlichen Ge- und Verbrauch: pro Person ab 17 Jahren 200 Zigaretten oder 100 Zigarillos oder 50 Zigarren oder 250 g Rauchtabak, 1 l Spirituosen mit mehr als 22 % oder 2 l mit weniger als 22 %, 50 ml Parfüm, sowie andere Waren bis zu einem Wert von insgesamt 300 €, Flug- bzw. Seereisende bis 430 €. Wer Schmuck oder Teppiche kauft, muss Rechnungen vorlegen können (Informationsstelle Zoll, Tel. 03 51/44 83 45 10, www.zoll.de).

Erwerb, Besitz und Ausfuhr von **Antiquitäten** (Gegenstände, die über 100 Jahre alt sind), Fossilien und behauenen Steinen sind verboten. Sie können mit Gefängnis bis zu 10 Jahren bestraft werden.

Geld

Landeswährung ist die *Türkische Lira* (TL) à 100 Kuruş (YK). Es gibt Banknoten zu 5, 10, 20, 50, 100, 200 TL und Münzen zu 1 TL sowie zu 1, 5, 10, 25 und 50 YK.

Banken, Hotels und die meisten Geschäfte akzeptieren die gängigen Kreditkarten. EC-/Maestro-Geldautomaten sind weit verbreitet.

Tourismusämter in Istanbul

Informationsbüros für Touristen (*Turizm Danisama Bürosu*) gibt es am Sultanahmet-Platz (Tel. 02 12/518 87 54) und in der Lobby des Hilton Hotels nahe dem Taksim-Platz (Tel. 02 12/233 05 92).

Notrufnummern

Notarzt: Tel. 112

Polizeinotruf: Tel. 155

Feuerwehr: Tel. 110

Bereitschaftsdienste von Ärzten und Apotheken: Tel. 118

Tourismus-Polizei, Yerebatan Cad. 6, Sultanahmet, Tel. 02 12/527 45 03

Türkiye Turing ve Otomobil Kurumu (TTOK), Türkischer Automobilclub, I. Oto Sanayi Sitesi Yanı, Seyrantepe, 4. Levent, Istanbul, Tel. 02 12/282 81 40, www.turing.org.tr

ADAC Notrufstation Istanbul:
Tel. 02 12/288 71 90 (rund um die Uhr)

ADAC Notrufzentrale München:
Tel. 00 49/89/22 22 22 (rund um die Uhr)

ADAC Ambulanzdienst München:
Tel. 00 49/89/76 76 76 (rund um die Uhr)

ÖAMTC Schutzbrief-Nothilfe:
Tel. 00 43/(0)1/251 20 00, www.oeamtc.at

TCS Zentrale Hilfsstelle:
Tel. 00 41/(0)224 17 22 20, www.tcs.ch

Bei Verkehrsunfällen ist für die Schadensregulierung ein *Polizeilprotokoll* erforderlich, für türkische Versicherungen auch ein Alkoholtest.

Diplomatische Vertretungen

Deutsches Generalkonsulat, Inönü Cad. 10, Gümüşsuyu, Istanbul, Tel. 02 12/334 61 00, www.istanbul.diplo.de

Österreichisches Generalkonsulat, Köybasi Cad. 46, Yeniköy, Istanbul, Tel. 02 12/363 84 10, www.bmeia.gv.at/botschaft/istanbul

Schweizer Generalkonsulat, 1. Levent Plaza, A-Blok Kat. 3, Büyükdere Cad. 173, Levent, Istanbul, Tel. 02 12/283 12 82, www.eda.admin.ch/istanbul

Besondere Verkehrsbestimmungen

Tempolimits (in km/h): Innerhalb geschlossener Ortschaften Pkw und Bus 50, Motorrad und Pkw mit Anhänger 40. Außerhalb geschlossener Ortschaften: Pkw 90, Bus 80, Motorrad und Pkw mit Anhänger 70. Auf Autobahnen 120, Motorrad und Pkw mit Anhänger 80 bzw. wie ausgeschildert.

Promillegrenze: 0. Empfindliche Strafen bei Zuwiderhandlung.

Tankstellen: Tankstellen (*Benzin istasyonu*) sind tgl. ca. 9/10–19/20 Uhr, an Ausfallstraßen oft rund um die Uhr geöffnet. Es gibt Normal- und Superbenzin (94 Oktan), meist kann auch bleifreies Benzin (*kurşunsuz*) getankt werden.

Zeit

Der Zeitunterschied zwischen der Türkei und der MEZ beträgt auch während der Sommerzeit plus eine Stunde.

Strom

Die Netzspannung beträgt 220 Volt. Es ist kein Adapter für Istanbul nötig.

■ Anreise

Auto

Die Fahrt von Mitteleuropa nach Istanbul dauert 2–3 Tage. Die ›Nordroute‹ über Bulgarien ist wegen häufiger Überfälle nicht zu empfehlen. Etabliert hat sich die ›Südroute‹ über die italienischen Häfen Ancona oder Brindisi per Autofähre entweder ins griechische Igoumenitsa und dann 1400 km (E90) ostwärts. Oder ins türkische Çeşme, rund 700 km südwestlich von Istanbul.

Marmara Lines, www.marmaralines. com. Mai–Okt. Ancona–Çeşme (Sa, 40 bzw. 54 Std.), Generalagentur: RECA, Neckarstr. 37, Sindelfingen, Tel. 070 31/ 86 60 10

Bei der Einreise mit dem eigenen Pkw oder Motorrad wird das Fahrzeug in den Pass des Fahrers eingetragen, ebenso der Tag der spätesten Wiederausfuhr – meist 30 Tage, auf Anfrage bis zu 90 Tagen. Bei Überschreiten des Termins drohen hohe Geldstrafen und Strafverfahren.

Bahn

Die Bahnfahrt ab München mit Umsteigen in Wien und Sofia dauert rund 40 Stunden. Ankunft aller europäischen Züge in Istanbul im Bahnhof **Sirkeci Tren Garı**, Eminönü, Tel. 02 12/520 65 75.

Deutsche Bahn, Tel. 01 80/599 66 33 (gebührenpflichtig), Tel. 08 00/150 70 90 (kostenlose Fahrplanauskunft), www.bahn.de

TC Devlet Demiryolları, Türkische Staatsbahnen, Tel. 03 12/309 05 15, www.tcdd.gov.tr

Bus

Von mehreren deutschen Städten fahren Busse über Österreich, Italien (Fähre) und Griechenland nach Istanbul (Fahrzeit 44–57 Std.)

Deutsche Touring, Am Römerhof 17, Frankfurt/M., Tel. 069/790 35 01, www. touring.de

Vom Großen Busbahnhof (*Büyük Otogar*, offiziell *Uluslararasi Istanbul Otogari*) im Stadtteil Bayrampaşa/Esenler verkehren Metro und Busse in die City, etwa IETT Bus 830 mit Ziel Taksim-Platz, tgl. 6.30– 21.30 Uhr.

Flugzeug

In Istanbul gibt es zwei internationale Flughäfen:

Atatürk International Airport/Havalımanı (IST), Istanbul-Yesilköy, ca. 28 km westlich von Sultanahmet, Tel. 02 12/ 465 55 55, www.ataturkairport.com

Die *Metro* (Mo–Sa 6–0.15, So ab 6.25 Uhr) nach Zeytinburnu fährt Richtung Innenstadt, allerdings nur bis Aksaray. Weiterfahrt mit Bussen oder der Straßenbahn Zeytinburnu-Kabataş. Fahrtdauer insgesamt 1–1,5 Stunden. Zum Taksim-Platz brauchen *Expressbus* 96T oder *Havaş Shuttle Bus* (tgl. 4–1 Uhr, www.havas.com. tr) 40–60 Min. Die *gelben Taxis* fahren mit Taxameter, mit den Fahrern der zahlreichen *Privattaxis* muss man den Preis aushandeln.

Sabiha Gökçen International Airport/ Havalımanı (SAW), Pendik-Kurtköy, auf der asiatischen Seite Istanbuls, Tel. 02 16/585 50 00, www.sgairport.com

Verbindung in die Stadt: *City Bus* E10, alle 20–40 Min. zum Kadiköy Fähranleger auf der asiatischen Seite (ca. 1 Std.), dann mit Fähren (tgl. 6.30–0 Uhr) und Bussen weiter. Direktverbindung zwischen SAW und Taksim-Platz bestehen durch *Havaş Airport Busse* (45–60 Min., www.havas.com. tr). Außerdem existiert ein *Shuttleservice* von und nach Sultanahmet. *Taxis* in die Innenstadt sind teuer.

Hinweis: In Istanbul kann es insbesondere zu den Hauptverkehrszeiten zu erheblichen Behinderungen im Straßenverkehr kommen. Daher sollte man für die Fahrt zum Flughafen ausreichend Zeit einplanen.

■ Bank, Post, Telefon

Bank

Banken (*Bank*) haben in der Regel Mo–Fr 8.30–12 und 13.30–17 Uhr geöffnet.

Post

Postämter (*Postane*) sind Mo–Sa 8–18/ 19 Uhr geöffnet, Hauptpostämter oft bis Mitternacht sowie So 9–19 Uhr. Am Schalter kauft man Briefmarken (*Pul*) und gibt Postkarten und Briefe auf.

Telefon

Internationale Vorwahlen
Türkei 00 90
Deutschland 00 49
Österreich 00 43
Schweiz 00 41

Vorwahl Istanbul
0212 (europäische Seite)
0216 (asiatische Seite)

Internationaler Operator: Tel. 115

Telefonauskunft: Tel. 118

In Istanbul funktionieren alle handelsüblichen *Mobiltelefone*. Außerdem gibt es Münz- und Kartentelefone. Für erstere benötigt man Telefon-Jetons (*telefon jetonu*), die man wie die Telefon-Karten (*telefon kartı*, zu 30, 60, 100, 250 oder 350 Einheiten) in Postämtern und Zeitungsläden kaufen kann. Einige Kartentelefone funktionieren auch mit Kreditkarte.

■ Einkaufen

Öffnungszeiten

Mo–Sa 9/10–19/20 Uhr mit Mittagspause 14–16/17 Uhr. Kaufhäuser haben durchgehend und meist bis 22 Uhr geöffnet, große Einkaufszentren oft auch sonntags.

Souvenirs

Istanbul ist ein Einkaufsparadies. Als Mitbringsel besonders beliebt sind Kunsthandwerkserzeugnisse wie Kacheln (*Fayans*, *Çini*), bunte Glaslampen (*Lamba*) oder intarsienverzierte Holztischchen und Holzdosen. Eine reiche Auswahl findet man im **Großen Basar** [s. S. 55] mit seinen rund 4000 Läden. Der **Ägyptische Basar** [s. S. 79] ist berühmt für Gewürze,

Ein Blaues Auge für alle Fälle

Ob tellergroß als Wandschmuck gegenüber der Eingangstür oder im Münzformat am Rückspiegel des Autos – allenthalben sieht man in Istanbul den blauen Glasstein, dem konzentrisch aufgebrachte weiße und schwarze Kreise das Aussehen eines blauen Auges geben. Nazar Boncuğu oder Bonçuk heißen die auffälligen Talismane, die ihre Besitzer vor allem Übel und insbesondere vor dem Bösen Blick schützen sollen. Schon Neugeborene erhalten ihr persönliches Exemplar, das gegen ›Verschreien‹ durch übermäßiges Lob helfen soll. Wenn ein Nazar Bonçuk einen Riss aufweist oder gar zerbricht, hat es seine Schuldigkeit getan und muss schnellstmöglich durch einen neuen Glücksstein ersetzt werden.

Gold- und Silberschmuck sowie für kulinarische Köstlichkeiten.

An der **Istiklal Caddesi** [s. S. 93] wechseln sich Souvenirläden mit den Niederlassungen internationaler Modemarken ab. Noch eleganter werden die Boutiquen in den Stadtteilen **Nişantaşı** und **Şişli** nördlich und östlich des Taksim-Platzes, wo in der *Abdi Ipekçi Sokak* und der *Rumeli Sokak* zwischen Teşvikiye Sokak und Maçka die Modelle arrivierter türkischer Mode-

Die bunte Welt der Gewürze – scharfe Prisen und süße Bissen im Ägyptischen Basar

designer neben Beymen- und Armani-Anzügen, Louis-Vuitton-Taschen und Gucci-Uhren die Auslagen schmücken.

■ Essen und Trinken

Restaurants

Altstadt

TOP TIPP **Asitane Restaurant**, Kariye Hotel, Kariye Camii Sk. 6, Edirnekapı, Tel. 0212/6357997, www.asitaneres taurant.com. Osmanische Gerichte nach Rezepten aus dem Topkapı-Palastarchiv (tgl. 12–15 und 19.30–22.30 Uhr).

Balık Noktası, Galata Köprüsü Altı EBI, Eminönü, Tel. 0212/5266633, www.balik noktasi.com. Großes Fischrestaurant im Untergeschoss der Galatabrücke.

TOP TIPP **Balıkçı Sabahattin**, Said Hasan Kuyu Sk. 1, Sultanahmet, Tel. 0212/4581824, www.balikci sabahattin.com. Traditionsreiches Fischlokal in der Altstadt. Abends Reservierung empfohlen.

Binbirdirek Sarnıcı, Binbirdirek Mah./ Imran Öktem Sk., Sultanahmet, Tel. 0212/5181001, www.binbirdirek.com. Feines Abendrestaurant in der Zisterne der 1001 Säulen.

Giritli, Keresteci Hakkı Sk. 8, Ahırkapı Cankurtaran, Tel. 0212/4582270, www.giritlirestoran.com. Griechische und türkische Küche in traditionellem Holzhaus.

Istanbul, Gedikpaşa Cad. 24, Beyazıt, Tel. 0212/5172694. Reichhaltige Speisentheke gegenüber dem Großen Basar.

Neustadt

Ağa Restaurant, Sakız Ağa Cad. 5 (Seitenstraße der Istiklal Cad.), Beyoğlu, Tel. 0212/2493924, www.agarestaurant.com. Köfte, Reisgerichte, Salate und Süßes.

Çukurcuma Köftecisi, Çukurcuma Cad./ Hacıoğlu Sk. 1 A, Beyoğlu, Tel. 0212/ 2450833. Einfaches Mittagslokal.

Kardeşler, Ağahamam Cad. 1, Cihangir-Taksim, Tel. 0212/2513696. Selbstbedienungsrestaurant nahe Taksim Meydanı mit guter türkische Küche.

Konak Kebap Salonu, Istiklal Cad. 259, Beyoğlu, Tel. 0212/2444281, www.konak kebap.org. Zahlreiche Kebap-Varianten, Pide, Lahmahcun und Desserts unter Jugendstil-Stuckdecke.

Eines Sultans würdig – Stillleben mit erlesenen Speisen im Çırağan Palace Kempinski

Imroz, Nevizade Sk., Beyoğlu, Tel. 0212/ 2499073, www.krependekiimroz.com. Fisch, Huhn, Fleischbällchen, Auberginen, Börek und nicht zu vergessen die köstlichen Meze!

TOP TIPP **Refik**, Asmalımescid Cad., Sofyalı Sk. 6/8, Tünel-Beyoğlu, Tel. 0212/ 2432834, www.refikrestaurant.com. Wegen seiner Meze ist das kleine Restaurant nahe Tünel und Istiklal Caddesi stets gut besucht. Sehr gutes Essen zu zivilen Preisen. Wein und Bier. Reservierung empfohlen.

Seviç, Çiçek Pasajı 80, Beyoğlu, Tel. 0212/ 2442867, www.sevicrestaurant.com. Türkisches Restaurant in der atmosphärereichen Jugendstilpassage.

Tarihi Karaköy Balıkçısı, Kardeşim Sk. 30, Karaköy, Tel. 0212/2511371, www.tarihi karaköybalikcisi.com. Gute Fischgerichte. Warme Küche bis der Tagesfang aus ist (Mo–Fr 11.30 bis ca. 17 Uhr).

Topaz, Inönü Cad. 50, Gümüşsuyu, Tel. 0212/2491001, www.topazistanbul.com. Mediterrane und internationale Küche in Edelrestaurant mit Bar. Umfangreiche Weinkarte (tgl. 12–16 und 18–1 Uhr).

Am Bosporus – europäische Seite

Adem Baba, Satış Meydanı Sk. 2 (nahe Fähranleger), Arnavutköy, Tel. 0212/2632933, www.adembaba.com. Einfaches, aber gutes Fischlokal.

Bebek Balıkçısı, Cevdet Paşa Cad. 26 A, Bebek, Tel. 0212/2633447, www.bebek

balkci.net. Mit Blick auf den Bosporus speist man köstlichen Fisch und Meeresfrüchte (tgl. 12–24 Uhr).

Balıkçı Kahraman, Iskele Cad. 15, Rumeli Kavağı, Tel. 0212/242 64 47, www.balikcikahraman.org. Exzellente Fischspezialitäten, z. B. Fischbällchen.

Feriye Lokantası, Çırağan Cad. 40, Ortaköy, Tel. 0212/227 22 16, www.feriye.com. Kebap und Köfte an der Bosporus-Flaniermeile von Ortaköy.

 Malta Köşkü, Yıldız Park [s. S. 107], Beşiktaş, Tel. 0212/258 94 53. Exquisite Küche in einstigem Sultanspavillon. Sa/So/Fei Reservierung empfohlen.

Asiatische Seite

Dilruba, Fetihpaşa Korusu, Fıstıkağacı, Üsküdar, Tel. 0216/492 15 00, www.dilruba.com.tr. Ausflugslokal nahe der ersten Bosporusbrücke. Sonntagsbrunch.

Kız Kulesi Restaurant, im Mädchenturm [s. S. 114], Tel. 0261/342 47 47, www.kizkulesi.com.tr. Hier wird Teriyaki Beefsteak, Lammspieß oder pochierte Seebrasse kredenzt. Reservierung empfohlen.

Lacivert Restaurant, Körfez Cad. 57 A (Zubringerboot ab Rumeli Hisarı), Kanlıca, Tel. 0216/413 37 53, www.lacivertrestaurant.com. Lokal in traditionellem Yalı am Bosporusufer. Essen und Weine sind exquisit. Sonntagsbrunch 11–14, sonst ab 12 Uhr. Reservierung empfohlen.

Mabeyin, Eski Kısıklı Cad. 129, Kısıklı (Çamlıca-Hügel beim Millet Parkı), Tel. 0216/422 55 80, www.mabeyin.com. Kebap satt: Ayva, Keme, Urfa, Döner Style, gegrillt, gerollt, gebraten, überbacken.

Zanzibar Caddebostan, Cemil Topuzlu Cad. 102, Caddebostan, Tel. 0216/385 64 30, www.cafezanzibar.com.tr. Schickes türkisch-italienisches Restaurant in einer historischen Villa am Meer.

Cafés

Altstadt

Bedesten, Cevahir Bedesten 143–151, Kapalı Çarşısı [s. S. 55], Beyazıt, Tel. 0212/520 22 50, www.cafebedesten.com. Café mit französischem Flair.

 Istanbul Kahvehanesi, Uzunçarşı Cad. 329, Tahtakale Hamam Çarşısı 2. Avlu, Tahtakale-Eminönü, Tel. 0212/514 40 42. Charmantes Café in einem ehem. Hamam nahe der Rüstem-Paşa-Moschee.

Afiyet olsun – guten Appetit auf Türkisch

Türkisches Essen weist mit Olivenöl, Knoblauch, frischem Gemüse und gegrilltem Fleisch alle Bestandteile feiner **Mittelmeerküche** auf. Den Auftakt machen stets **Meze**, kalte und warme Vorspeisen, die in großer Auswahl serviert werden: Auberginenmus, mit Schafskäse gefüllte Tomaten, mit Käse, Spinat oder Hackfleisch gefüllte Blätterteigrollen (*Börek*), Hirtensalat aus Tomaten, Gurken und Zwiebeln, Zucchinipuffer, *Cacık* (das türkische Tsaziki) u.v.m.

Bekannteste Vertreter des anschließenden Hauptgangs sind wohl **Kebapgerichte**. Die Fleischstückchen vom Grill werden als *Döner Kebap* im Brot mit Reis und Salat angeboten, als *Iskender Kebap* mit Joghurtsoße, *Adana Kebap* mit Hack-

fleisch, *Şiş Kebap* auf dem Spieß oder als extrascharfer *Alanya Kebap*. Das Fleisch kommt vom Huhn (*Tavuk*), Hammel (*Koyun eti*) oder Kalb (*Dana eti*). Weitere ›Klassiker‹ sind Hackfleisch- oder Käsepizza (*Pide*) oder dünne Hackfleischflade (*Lahmacun*). In Istanbul kann man aber auch sehr gut **Fisch** (*Balık*) essen, vor allem in den Vierteln Kumkapı und Sarıyer sowie entlang des Bosporus. Neben Thunfisch (*Palamut*), Seebarsch (*Levrek*), *Hamsi* (kleine Sardinen aus dem Schwarzen Meer) und Meeresfrüchten wird je nach Tagesfang oft auch frischer Steinbutt (*Kalkan*), Meerbarbe (*Barbunya*) oder Schwertfisch (*Kılıç*) angeboten – gegrillt, gekocht, gebacken oder als Stew zubereitet.

Zum Essen wird reichlich Weißbrot gereicht, nicht nur zu den **Suppen** (*Çorba*), die als eigener Gang gelten und wie die Vorspeisen sowohl warm als auch kalt serviert werden. Sehr beliebt ist Li

ensuppe (*Mercimek Çorbası*) in rot, gelb oder grün.

Übrigens: Nicht in jedem Restaurant wird **Alkohol** ausgeschenkt. Wer auf Bier, Wein oder *Rakı*, türkischen Anisschnaps, zum Essen nicht verzichten möchte, sollte sich vorab telefonisch erkundigen. Ein typisch türkisches Getränk ist *Ayran*, ein erfrischender säuerlicher Trinkjoghurt. Nur im Winter wird *Sahlep* gekocht, ein mit gemahlener Orchideenwurzel versetztes, eigentümlich scharfes Milchgetränk. Stets erhältlich ist dagegen ein Glas schwarzer Tee (*Çay*) oder eine Tasse Kaffee (*Kahva*).

Dazu oder als Dessert nach dem Hauptgang dürfen **Süßigkeiten** (*Tatlılık*, *Şekerleme*) nicht fehlen, deren die türkische Küche unzählige kennt. Einen Spitzenplatz nehmen hier die unzähligen Varianten von *Baklava* ein, sirupgetränkte Blätterteigteilchen, die je nach Füllung mit Pistazien oder anderen Nüssen *Söbiyet* oder *Fıstıklı* heißen, in Form von fadenartigem Teig mit Käse *Künefe* oder *Tel Kadayıf* (Engelshaar). Weitere fantasievoll benannte Süßigkeiten sind Frauennabel (*Hanum Göbeği*), Kussmündchen (*Dilber Dudağı*) oder Nachtigallennest (*Bülbül Yuvası*). Auch das geleeartige *Lokum* kann mit Früchten, Nüssen, Kokosraspeln oder Rosenwasser aromatisiert sein.

Sehr fein sind schließlich auch die Puddings (*Muhallebi*), allen voran *Sütlaç*, ein Milchpudding, in der karamellisierten Version *Kazandibi* (Angebrannter Topfboden) genannt, das ähnliche *Güllaç*, das zudem Blätterteig und Granatapfelstückchen enthält, oder *Tavukgöğsü* mit fein

aufgefaserter Hühnerbrust. *Lokma*, ausgebackene Teigbällchen in Sirup, wird bevorzugt warm gegessen, *Pişmaniye* erinnert an Zuckerwatte und wird in Weiß und Rosa oft von Straßenverkäufern angeboten.

Von oben nach unten: Festlich arrangiert mit Hafenblick – Fischparade. Stapelweise Gaumenfreuden: Bulgur-Puffer im Ciya Café. Blätterteigteilchen – Baklava mit Pistazien. Ein Gläschen Tee mit Süßigkeiten am Rande

Piyer Loti Kahvesi, Balmumcu Sk. 5, Eyüp Mezarlıgı, Eyüp, Tel. 02 12/581 26 96. Lauschiges Café mit Aussicht [s. S. 85].

Neustadt

Café du Levant, Kumbarhane Cad. 2 (gegenüber Rahmi M. Koç Müzesi), Hasköy, Tel. 02 12/369 66 07, www.cafedu levant.com. Charmantes Café im französischen Bistro-Stil.

Cuppa, Yeni Yuva Sk. 26, Cihangir, Tel. 02 12/249 57 23, www.cuppajuice.com. Mehr als 40 Saftvarianten vom frischgepressten Orangensaft bis zu ›Dr. Spock‹ aus Brokkoli, Möhre, Apfel.

Krepen, Istiklal Cad. 140, Beyoğlu, Tel. 02 12/249 80 13, www.cafekrepen.com. Aus dem modernen Café-Bistro wird abends eine Bar.

Konak, Bereketzade Mah./Hacı Ali Sk. 2 (unterhalb des Galataturms), Kuledisi-Galata, Tel. 02 12/252 53 46, www.galatakonakcafe.com. Ein Kaffeehaus zum Verlieben: selbstgemachtes Gebäck, Obstkuchen, Sahnetorten, plüschige Einrichtung – und eine grandiose Dachterrasse mit Panoramablick über das Goldene Horn nach Sultanahmet.

Saray Muhallebicisi, Istiklal Cad. 173, Beyoğlu, Tel. 02 12/292 34 34, www.saraymuhallebicisi.com. Türkischer Puddingshop vom Feinsten: Sütlaç, Baklava, Vişneli-Kirschpudding und Muhallebi. Außerdem gibt es Frühstück und mittags warme Speisen.

Rauchverbot

In öffentlichen Gebäuden, Hotels und Restaurants sowie öffentlichen Verkehrsmitteln gilt striktes Rauchverbot.

Trinkgeld

Etwa 10 % des Rechnungsbetrages werden in den Restaurants als Trinkgeld erwartet.

■ Feiertage

Die Türkei ist ein laizistischer Staat, Wochenende ist Sa/So.

1. Januar: **Neujahr** (*Yilbaşı*), 23. April: **Unabhängigkeitstag** (Jahrestag der 1. Sitzung der Türkischen Großen Nationalversammlung) und Tag der Kinder (*Ulusal Egemenlik ve Çocuk Bayramı*), 19. Mai: **Gedenktag für Atatürk** (Atatürks Ankunft in Samsun und Beginn des Unabhängigkeitskrieges) sowie **Tag der Jugend und des Sports** (*Atatürk´ü Anma, Gençlik ve Spor Bayramı*), 30. August: **Tag des Sieges** (Nationalfeiertag, Sieg über die alliierten Besatzungstruppen 1922, *Zafer Bayramı*), 29. Oktober: **Tag der Republik** (Gründung der Türkischen Republik, *Cumhuriyet Bayramı*)

Islamische Feiertage

Islamische Feiertage richten sich nach dem Mondkalender und verschieben sich daher gegenüber der christlich-gregorianischen Zeitrechnung jedes Jahr um etwa elf Tage nach hinten.

Goldene Kulisse am Goldenen Horn – Galatabrücken-Dinner mit Blick auf die Yeni Camii

Ramazan: Fastenmonat (1.8.–29.8.2011, 21.7.–19.8.2012). **Zuckerfest** (*Seker Bayramı/Ramazan Bayramı*): Dreitägiges Fest am Ende von Ramazan, bei dem Süßigkeiten gegessen und Kinder beschenkt werden (30.8.2011, 19.8.2012). **Opferfest** (*Kurban Bayramı*): Zu diesem Fest wird traditionell Schafffleisch innerhalb der Familie, an Nachbarn und Arme verteilt (6.11.2011, 25.10.2012).

Festivals und Events

Biletix, Tel. 02 16/556 98 00, www.biletix. com. Tickets für alle Events in Istanbul.

März/April

International Istanbul Film Festival: Alljährlich wird bei dem Festival (www.iksv. org/film) der beste Film mit der *Goldenen Tulpe* prämiert.

Lale Festivalı (Tulpenfest): im Emirgan-Park oberhalb des gleichnamigen Dorfes am Ufer des Bosporus.

Mai

Altstadtfest Hidrellez (5. Mai): Straßenfest (www.hidrellez.org) vor dem Arcadia Hotel in Sultanahmet mit mitreißender ›Zigeunermusik‹.

Formel 1 Grand Prix: Dreitägiges internationales Motoren-Spektakel (www.formula1.com) am 5,37 km langen Istanbul Otodrom Circuit.

International Istanbul Poetry Festival: Über 40 Akteure aus aller Welt geben ihre Dichtkunst an verschiedenen Schauplätzen zum Besten (www.istanbulsiir festivali.org).

Juni/Juli

International Istanbul Music Festival: Open-Air-Festival (www.iksv.org/muzik) mit klassischer Musik, Tanz und Oper in der Altstadt.

International Istanbul Jazz Festival: Internationaler Jazz (www.iksv.org/caz) in Theatern, Bars und unter freiem Himmel.

Istanbul Cup: Internationales Tennisturnier (www.istanbulcup.com).

August/September

Yelken Yarışları: Segelregatta (www.yel kenokulu.com). Kurzstrecke von Istanbul zur Insel Marmara im Süden der Stadt und längere Etappentour bis Bodrum in der Ägäis.

Fatih Akin am Drehort – Regisseur von ›Gegen die Wand‹ und ›Auf der anderen Seite‹

November

International Istanbul Biennial: Theaterbiennale (www.iksv.org/bienal) in ungeraden Jahren mit klassischen Stücken, Tanz- und Straßentheater.

Hamams/Türkische Bäder

Wer in Istanbul ein türkisches Bad besuchen möchte, kann zwischen mehreren historischen Hamams wählen:

Eine Institution der Istanbuler Badekultur – das 1741 eröffnete Cağaloğlu Hamamı

Ağa Hamamı, Turnacibaşı Sk. 48/B (Parallelstraße zur Istiklal), Beyoğlu, Tel. 02 12/249 50 27

Cağaloğlu Hamamı, Yerebatan Cad., Çemberlitaş, Tel. 02 12/522 24 24, www.cagalogluhamami.com.tr

Çemberlitaş Hamamı, Vezirhan Cad. 8 (an der Konstantinssäule), Çemberlitaş, Tel. 02 12/522 79 74, www.cemberlitas hamami.com.tr [s. S. 52]

Gedikpaşa Hamamı, Hamam Cad. 65–67, Gedikpaşa-Beyazıt, Tel. 02 12/517 89 56, www.gedikpasahamami.com

Suleymaniye Hamamı, Mimar Sinan Cad. 20, Süleymaniye, Tel. 02 12/519 55 69, www.suleymaniyehamami.com.tr

Tarihi Galatasaray Hamamı, Sütterazi Sk. 24, Beyoğlu, Tel. 02 12/249 43 42, www.galatasarayhamami.com

Klima und Reisezeit

Die angenehmsten Reisezeiten für Istanbul sind Frühjahr und Herbst mit Temperaturen zwischen 20 und 25°C. Der brütend heiße Sommer mit Temperaturen von bis zu 40°C im Schatten im Juli und August bietet sich für eine Reise ebenso wenig an wie der verregnete Winter.

Klimadaten Istanbul

Monat	Luft (°C) min./max.	Wasser (°C)	Sonnen- std./Tag	Regen- tage
Januar	6/15	15	5	5
Februar	7/17	14	5	5
März	9/20	15	6	3
April	11/24	16	8	3
Mai	13/27	17	11	2
Juni	17/32	20	11	1
Juli	20/36	21	12	0
August	20/36	24	12	0
September	18/32	21	8	2
Oktober	14/26	18	7	4
November	10/20	17	5	6
Dezember	7/16	14	5	5

Kultur live

Informationen zu kulturellen Veranstaltungen gibt das Tourismusbüro [s. S. 119].

Oper und Ballett

Kadiköy Süreyya Operasi, Bahariye Cad. 29, Kadiköy, Ticket-Tel. 02 16/346 15 31, www.idobale.com. Staatsoper und Ballett Istanbul.

Konzerte und Theater

Atatürk Kültür Merkezi (AKM), Inönü Mah./Gümüşsuyu Cad., Taksim, Tel. 02 12/251 56 00. Das Kulturzentrum bietet Platz für klassische Konzerte, Theater- und Filmvorführungen (über Abriss oder Umbau wird 2011 entschieden).

Borusan Kültür ve Sanat, Istiklal Cad. 213, Beyoğlu, Tel. 02 12/336 32 80, www.boru sansanat.com. Auf dem Progamm des Kulturzentrums stehen Konzerte, Ausstellungen und Lesungen.

CRR Cemal Reşit Rey Concert Hall, Darülbedayi Cad. 31, Elmadağ-Harbiye, Tel. 02 12/232 98 30, www.crrks.org. Größte Konzerthalle der Stadt.

Tarık Zafer Tunaya Culture Center, Istiklal Cad./Şahkulu Bostanı Sk. 8, Tel. 02 12/293 12 70, Galatasaray-Beyoğlu. Theater, Filme, Konferenzen und Podiumsdiskussionen.

Mehter Muzik

Askeri Müze, Vali Konağı Cad., Harbiye, Tel. 02 12/233 27 20. Spezielle Janitscharen-Musikcorps (*Mehter takimi*) spielen die traditionelle osmanische Militärmusik mit Kesselpauke, Klarinette, Zimbeln und Schellen (Mi–So 15 und 15.30 Uhr, s. S. 97).

Nachtleben

Die angesagten Viertel für Nachtschwärmer sind in der Neustadt Taksim/Beyoğlu und Ortaköy sowie auf der asiatischen Seite die Kadife Cad. in Kadıköy. Gefeiert wird meist bis in die Morgenstunden, denn eine Sperrstunde gibt es nicht.

Taksim/Beyoğlu

 360 Istanbul, Istiklal Cad. (Mısır Apt.), Beyoğlu, Tel. 02 12/251 10 42, www.360istanbul.com. Schicke Dachterrassen-Bar (tgl. 12–2/4 Uhr).

Andon Bar, Şiraselviler Cad. 89, Taksim, Tel. 02 12/251 02 22. Vier Stockwerke, vier Stile: schummrig, arabisch-spanisch, Türkpop und internationale Terrassenbar (Mo–Sa bis 3 Uhr).

Babylon, Şehbender Sk. 3, Asmalımescit-Beyoğlu, Tel. 02 12/292 73 68, www.babylon.com.tr. Eine der angesagtesten Jazz-Clubs, häufig Live-Sessions (Fr ab 21, Di–Do ab 22 Uhr).

 Ghetto, Kamer Hatun Cad. 10, Beyoğlu, Tel. 02 12/251 75 01,

Mit Grazie und Schleier – die Ursprünge des orientalsichen Bauchtanzes liegen in Ägypten

www.ghettoist.net. Electronic Jazz in zweistöckigem Renaissance-Saal, Chill-out-Galerie unter stuckumrahmten Deckenfresken.

Leb-i Derya Richmond, Richmond Hotel, Istiklal Cad. 227, Beyoğlu, Tel. 02 12/243 43 75, www.lebiderya.com. Edle Restaurant-Bar im sechsten Stock des Hotels hoch über Beyoğlu.

Mentha, Istiklal Cad. 165 (Mısır Apt. Yanı), Beyoğlu, Tel. 02 12/252 51 91, www.mentha istanbul.com. Erst einen grünen Drink in der Lounge, dann tanzen zum DJ-Sound made in Istanbul.

Ortaköy

Die großen Freiluftdiskos am Bosporus haben von Mai–Okt. geöffnet.

Crystal, Muallim Naci Cad. 109, Ortaköy, Tel. 02 12/229 71 52, www.clubcrystal.org. House-Music, Dance und Electro (Mi–Sa ab 24 Uhr).

Reina, Muallim Naci Cad. 44, Ortaköy, Tel. 02 12/259 59 19, www.reina. com.tr. Hier feiert die In-Szene der Stadt zu angesagter Musik.

Sortie, Muallim Naci Cad. 141, Ortaköy, Tel. 02 12/327 85 85, www.sortie.com.tr. Riesiger Open-Air-Club am Bosporus-ufer mit mehreren Bars, Restaurants, Tanzflächen.

Bauchtanz

Bauchtanz (*Göbek dansı*) gilt als etwas anrüchig, wird aber im touristischen Um-feld akzeptiert. Meist werden Abendes-sen und Bauchtanz im Paket angeboten:

Galata Kulesi Restaurant & Night Club, Galataturm, Galata-Beyoğlu, Tel. 02 12/293 81 80, www.galatatower.net. Abend-show mit Bauchtanz und Blick über die erleuchtete Stadt.

Orient House, BW President Hotel, Tiyatro Cad. 25 (beim Großen Basar), Tel. 02 12/516 69 80, www.thepresident hotel.com. Graziöser Bauchtanz zur beschwingten Musik eines türkischen Fasil-Orchesters.

■ Sport

Sportangebote für Touristen beschrän-ken sich in der Regel auf Fitnessstudios und Schwimmbäder in den Hotels. Im Folgenden eine kleine Auswahl an Sport-möglichkeiten:

Eislaufen

Galeria, Sahil Yolu, Ataköy (nahe Flug-hafen), Tel. 02 12/559 95 60, www.galleria-atakoy.com.tr. Eislaufbahn mit Schlitt-schuhverleih in der zentralen Lobby des Einkaufszentrums.

Golf

Istanbul Golf Kulübü, Maslak, Tel. 02 12/324 06 09, www.igk.org.tr. 9-Loch-Platz, Par 65

Kemer Golf & Country Club, Göktürk Beldesi, Uzunkemer Mevkii, Eyüp, Tel. 02 12/239 77 70, www.kg-cc.com. 18-Loch-Platz, Par 72

Klassis Golf & Country Club, Seymen Köyü, Altıntepe Mevkii, Silivri, Tel. 02 12/710 13 13, www.klassisgolf.com.tr. 18-Loch-Platz, Par 72

Segeln

Dildar Turizm, Vişne 21 Cad. 16, Zekeriyaköy, Tel. 02 12/259 70 10, www.dildar1.com. Segel- und Motorbootausflüge entlang des Bosporus sowie ins Schwarze Meer, Marmarameer und in die Ägäis.

Stadtbesichtigung

Boğaz Turları/Bosporustouren

Istanbul Deniz Otobüsleri AS (IDO), Iskele Galata Köprüsü, Eminönü, Tel. 02 12/444 44 36, www.ido.com.tr. *Full Bosphorus Cruise* tgl. 10.35 Uhr ab Eminönü, 10.50 Uhr ab Beşiktaş

Turyol, Galata Köprüsü, Eminönü, Tel. 02 12/527 99 52, www.turyol.com. Ab Eminönü Mo–Fr 12–19 Uhr, Abfahrten zur vollen Stunde; Sa/So 11–19.15 Uhr, Abfahrten alle 45–60 Min.

Per Pedes

Istanbul Walks, c/o Celebi Tourism & Travel Agency, Tel. 05 32/365 99 85, www.istanbulwalks.com. Spaziergänge zu den Hauptsehenswürdigkeiten Istanbuls.

Serhat Başaran, Kartaltepe Mah. Umut Sk., Istanbul-Bakırköy, Tel. 05 41/291 72 53 oder 02 12/543 42 36, www.istanbulguide.de. Der staatlich geprüfte Fremdenführer (IRO) bietet klassische oder individuell zusammengestellte Stadtrundgänge in deutscher Sprache.

Stadtrundfahrten

City Sightseeing Istanbul, Kioske in Sultanahmet (gegenüber der Hagia Sophia) und am Taksim-Platz (beim Busbahnhof), Tel. 02 12/458 18 00, www.city-sightseeing.com. 57 Hop On-Hop Off-Stationen, für die der rote Bus offiziell 90 Min., meist jedoch länger braucht. Audio-Guides in elf Sprachen.

Zahlreiche Veranstalter bieten Bosporustouren [s. S. 110] sowie geführte Bustouren zu den touristischen Highlights und den Märkten der Stadt an.

Istanbul City Tours, Tel. 02 12/527 92 92, www.istanbulcitytours.net

Plan Tours, Cumhuriyet Cad. 83/1, Elmadağ, Tel. 02 12/234 77 77, www.plantours.com

Statistik

Bedeutung: Größte Stadt der Türkei und einzige Großstadt weltweit, die auf zwei Kontinenten liegt. Weite Teile der Altstadt zählen zum UNESCO Weltkulturerbe der Menschheit.

Einwohner: ca. 12,7 Mio., im Großraum nach Schätzungen ca. 16 Mio.

Fläche: 1538 km^2, Metropolregion ca. 5220 km^2

Lage: 41°1'N, 28°58'O, beidseits des Bosporus, in Europa und Asien. Durchschnittliche Höhe: 40 m über NN bei sehr hügeligem Terrain.

Religion: über 90 % muslimisch (davon ca. ¾ Sunniten und ¼ Aleviten), sonst meist Christen und Juden.

Verwaltung: 27 Stadtbezirke, 18 davon auf der europäischen, 9 auf der asiatischen Seite

Wirtschaft: Istanbul ist der größte Handels- und Dienstleistungsplatz der Türkei. Es gibt eine Börse, im Wirtschaftsgeschehen dominieren Groß- und Einzelhandel, Verlage sowie zunehmend der Bankensektor. Auch nationaler und internationaler Tourismus ist von großer Bedeutung.

Unterkunft

Istanbul bietet Hotels, Pensionen und Privatunterkünfte für jedes Budget und jeden Geschmack.

Apartments

Zuverlässige Anbieter von Ferienwohnungen zwischen Galata und Taksim sind:

Istanbul Sweet Home, Beyoğlu, Fax 02 12/230 89 21, www.istanbulsweethome.com. Wunderschöne, modern eingerichtete Apartments zwischen Galata und Cihangir, zum Teil mit Balkon (Reservierung unter info@istanbulsweethome.com).

Manzara Istanbul, Galatakulesi Sk. 3/2, Kuledibi-Beyoğlu, Tel. 02 12/252 46 60, www.manzara-istanbul.com. 25 gestylte Apartments, zum Teil mit

Mit Plüsch und viel Grandezza – das 1892 eröffnete Grand Hotel Büyük Londra Oteli

spektakulären Ausblicken und Service von Architekturführungen bis zu Dinner mit Livemusik.

Hostels und Guesthouses

In Sultanahmet bieten einige Hostels und Guesthouses günstige Übernachtungsmöglichkeiten.

Cordial House, Divanyolu Cad., Peykane Sk. 29, Çemberlitaş, Tel. 02 12/518 05 76, www.cordialhouse.com

Sultan Hostel, Akbiyik Cad. 21, Sultanahmet, Tel. 02 12/516 92 60, www.sultanhostel.com

Lamp Guesthouse, Akbıyık Cad. 66, Sultanahmet, Tel. 02 12/638 29 27, www. lampguesthouse.com. Einfache Unterkunft, doch der Blick vom obersten Stock auf die Blaue Moschee ist unbezahlbar.

Orient Hostel, Akbiyik Cad. 13, Sultanahmet, Tel. 02 12/517 94 93, www.orienthostel.com

Hotels

Eine empfehlenswerte Auswahl guter Hotels in Istanbul bietet:

Association of Historical & Boutique Hotels of Turkey, Türkiye Özel Belgeli, Özel Nitelikli ve Butik Otelciler, Aksakal Sk. 2, Sultanahmet, Tel. 02 12/516 28 37, www.historicalhotelsofturkey.org

Altstadt

Luxushotels

Barcelo Eresin Topkapı, Millet Cad. 186, Topkapı, Tel. 02 12/631 12 12, www.barcelo.com. Internationales Spitzenhaus an der Theodosianischen Landmauer.

Four Seasons, Tevkifhane Sk. 1, Sultanahmet, Tel. 02 12/402 30 00, www.four seasons.com/istanbul. 60 große Zimmer und 5 Suiten in allerbester Lage neben Topkapı-Palast und Hagia Sophia.

Obere Mittelklasse

Top Tipp

Arcadia, Dr. İmran Öktem Cad. 1, Sultanahmet, Tel. 02 12/516 96 96, www.hotelarcadiaistanbul.com. Distinguiertes Haus unweit der Blauen Moschee. Schöne Aussicht von der Dachterrasse des Restaurants Horizon.

Golden Crown, Piyerloti Cad. 40, Cemberlitaş, Tel. 02 12/638 19 44, www. goldencrownhotel.com. Solides Stadthotel nahe dem Großen Basar.

Kariye Oteli, Kariye Camii Sk. 6, Edinekapı, Tel. 02 12/534 84 14, www.kariyeotel.com. Hotel in einem historischen Holzhaus gleich neben der Chora-Kirche.

Blue House Hotel, Dalbasti Sk. 14 (bei Utangaç Sk.), Sultanahmet, Tel. 02 12/ 638 90 10, www.bluehouse.com.tr. Aus Holz erbautes ›Blaues Haus‹ im Zentrum, Dachterrassen-Restaurant mit schönem Blick.

Top Tipp

Sari Konak Hotel, Mimar Mehmet Aga Cad. 42–46, Sultanahmet, Tel. 02 12/638 62 58, www.istanbul hotelsarikonak.com. Boutiquehotel im osmanischen Stil, mit Dachterrasse und kleinem Innenhof.

Mittelklasse

Akçinar, Nöbethane Cad./Serdar Sk. 18, Sirkeci, Tel. 02 12/513 32 73, www.hotel akcinar.com. Ordentliche Zimmer in der Hotelstraße hinter dem Sirkeci-Bahnhof.

Strahlend und blitzblank – Schuhputzer im Istanbuler Ritz Carlton Hotel

And, Yerebatan Cad./Cami Çıkmazı 36–40, Sultanahmet, Tel. 02 12/512 02 07, www. andhotel.com. Nicht mehr ganz neues Hotel, aber Lage und Preis stimmen. Dachrestaurant mit schönem Ausblick.

Inter, Mihatpaşa Cad./Buyuk Haydar Efendi Sk. 29 (südlich des Beyazıt-Platzes), Beyazıt, Tel. 02 12/518 35 35, www. hotelinteristanbul.com. Solides, günstiges Hotel nicht weit vom Großen Basar.

Neustadt
Luxushotels

Richmond Hotel, Istiklal Cad. 227, Tünel-Beyoğlu, Tel. 02 12/252 54 60, www.richmondhotels.com.tr. Traditionshotel mit modernem, glasverkleideten Anbau und schicken Zimmern.

The Marmara Istanbul, Taksim Meydanı, Taksim, Tel. 02 12/251 46 96, www.themarmarahotels.com. 20-stöckiges Luxushotel in der Neustadt mit Panorama-Restaurant.

Obere Mittelklasse

Anemon Galata, Bereketzde Mh. Büyükhendek Cad. 11, Kuledibi, Tel. 02 12/293 23 43, www.anemonhotels.com. Kleines restauriertes Stadtpalais neben dem Galataturm.

Larespark Hotel, Topcu Cad. 23, Taksim, Tel. 02 12/313 51 00, www.laresparktaksim. com. Komfortables Geschäftshotel, in dem sich auch Urlauber wohl fühlen.

Nippon Hotel, Topçu Cad. 6, Taksim, Tel. 02 12/313 33 00, www.nipponhotel.com.tr. Internationales Komforthotel unweit

nördlich des Taksim-Platzes. Stylische Ausstattung im asiatischen Stil.

 **Vardar Palace Hotel**, Sıraseviler Cad. 16, Taksim, Tel. 02 12/252 28 88, www.vardarhotel.com. 40 modern ausgestattete Zimmer in einem Prachtbau von 1901. Gutes Preis-Leistungs-Verhältnis.

Villa Zürich, Akarsu Yokusu Cad. 44–46, Cihangir, Tel. 02 12/293 06 04, www.hotel villazurich.com. Angenehmes, etwas teures Hotel im taksimnahen Wohnviertel Cihangir.

Am Bosporus
Luxushotels

Bosphorus Palace, Yalıboyu Cad. 64, Beylerbeyi, Tel. 02 16/422 00 03, www. bosphoruspalace.com. Edel restaurierter neo-osmanischer Palast (19. Jh.) auf der asiatischen Bosporusseite.

Ortaköy Princess, Dereboyu Cad. 10, Ortaköy, Tel. 02 12/227 60 10, www.ortakoy princess.com. Erlesenes Hotel nahe Bosporus und Ortaköy-Moschee.

■ Verkehrsmittel

Für Fahrten mit den öffentlichen Verkehrsmitteln bezahlt man mit einem vorab zu kaufenden **Token** (*Jeton*) oder – bequemer und günstiger – mit dem **Akbil**, einem Metallknopf zum Aufladen. Damit ist der Fahrpreis ca. 10 % geringer und man kann innerhalb von 45 Min. auf Transitlinien kostenlos oder ermäßigt umsteigen.

Tokens und Akbils gibt es an allen Straßenbahn- und Metrostationen sowie an vielen größeren Bushaltestellen in den weißen *Akbil kiosk* oder *Akbil Satis Noktasi*. Das Akbil kostet beim Erstkauf Pfand, das bei Rückgabe gegen Vorlage des Kassenzettels erstattet wird. Achtung: Am Atatürk Flughafen gibt es keinen Rückgabe-Schalter! Akbil-Aufladen erfolgt am Kiosk oder an Automaten, entweder mit einem gewissen Geldbetrag oder pauschal für 3 Tage, für 1 Woche oder 1 Monat.

Neu ist die wiederaufladbare **Istanbulkart**, die für alle Busse, Straßenbahnen und Fähren sowie für die Tünel-Bahn und Metro gilt. Die Chip-Karte ist an den größeren Stationen erhältlich und kostet beim Erstkauf Pfand. Vor und nach jeder Fahrt wird sie über ein entsprechendes Lesegerät gehalten.

Bus

IETT City Bus, öffentliche Busse, während der Stoßzeiten meist sehr voll.

Özel Halk Otobüsü, Privatbusse, Fahrpreise wie bei den Öffentlichen. Hier kann man beim Fahrer auch bar zahlen.

Fähren

Den Fährverkehr über Goldenes Horn und Bosporus stellt die städtische Fährgesellschaft IDO sicher. Daneben verkehren auf ausgewählten Strecken Fähren und Katamarane privater Betreiber, die etwas teurer sind.

Istanbul Deniz Otobüsleri (IDO), Tel. 0212/444 44 36, www.ido.com.tr

Standseilbahnen

Zwei Standseilbahnen erschließen die steilen Hügel Istanbuls: **Tünel** verbindet Karaköy und Galata. **Funikular** verkehrt zwischen Kabataş und Taksim-Platz.

Dolmuş

Sammeltaxis für 10–14 Personen, die eine festgelegte Route abfahren. Der Pauschalpreis für Passagiere steht wie der Zielort des Dolmuş meist an der Windschutzscheibe angeschrieben.

Metro

Die **Hafif Metro Istanbul** (M1) ist eine nur teilweise unterirdisch verlaufende Stadtbahn im Westen Istanbuls. Sie führt ab Aksaray u. a. zum Atatürk Airport und soll im Rahmen des Marmaray-Projektes innerstädtisch weiter ausgebaut werden.

Die zweite Metrostrecke (M2) wurde im Jahr 2000 zwischen Taksim und 4. Levent eröffnet. Auch sie soll in absehbarer Zeit ausgebaut werden.

Straßenbahn

In Istanbul gibt es eine moderne Straßenbahnlinie, die zwischen Kabataş und Beyazıt bzw. Zeytinburnu verkehrt. An ihrer Strecke liegen viele Sehenswürdigkeiten wie Eminönü (Fähranleger), Sirkeci (europäischer Bahnhof), Gülhane (Gülhane-Park und Topkapı-Palast), Sultanahmet (Hagia Sophia und Blaue Moschee) sowie Beyazıt (Großer Basar).

Zwei weitere Straßenbahnlinien, **Tramvayı**, sind in Dienst: die nostalgischen rotfarbenen Schmalspurwaggons der **Istiklal Caddesi Tram** zwischen Taksim-Platz und Tünel-Platz und die blauen, neueren Wagen der **Moda Nostaljik Tramvayı** auf der asiatischen Seite zwischen Kadıköy und Moda.

Taxi

Die gelben Taxis (*Taksi*) sind allesamt mit einem Taxameter ausgestattet, das **Gunduz** für den Tagtarif anzeigt (6–0 Uhr). Der Nachttarif **Gece** (0–6 Uhr) ist um 50 % teurer. Gepäckstücke kosten extra. Die Maut für die Überfahrt der ersten Bosporusbrücke ist im Fahrpreis enthalten.

Wassertaxi

Deniz Taksi, Tel. 0212/444 44 36, www.deniztaksi.com.tr. Nicht billig, aber bequem und schnell. Kreditkarten werden an Bord akzeptiert.

Flotte Schiffsparade vor sultanischer Kulisse – am Fähranleger des Topkapı Sarayı

Sprachführer

Türkisch für die Reise

Das Wichtigste in Kürze

Ja/Nein	Evet/Hayır
Bitte/Danke	Lütfen/Teşekkür
In Ordnung!/	Taman!/
Einverstanden!	Kabul ediyorum!
Entschuldigung!	Özür dilerim!
Wie bitte?	Nasıl lütfen?
Ich verstehe Sie nicht.	Sizi anlamıyorum.
Ich spreche nur	Ben çok az Türkçe
wenig Türkisch.	konuşuyorum.
Können Sie mir	Lütfen bana yardım
bitte helfen?	edermisiniz?
Das gefällt mir (nicht).	Bunu beğendim (beğenmedim).
Ich möchte …	Ben … istiyorum.
Haben Sie …?	Sizde … varmı?
Gibt es …?	… varmı?
Wie viel kostet das?	Bunun fiyatı nedir?
Wie teuer ist …?	… fiyatı nedir?
Kann ich mit Kredit-	Kredi kartı ile öde-
karte bezahlen?	yebilirmiyim?
Wie viel Uhr ist es?	Saat kaç?
Guten Morgen!	Günaydın!
Guten Tag!	İyi günler!
Guten Abend!	İyi akşamlar!
Gute Nacht!	İyi geceler!
Hallo!/Grüß dich!	Hallo!/Selam!
Wie ist Ihr Name, bitte?	Sizin isminiz, lütfen?
Mein Name ist …	İsmim …
Wie geht es Ihnen?	Nasılsınız?

Auf Wiedersehen!	Tekrar görüşmek üzere!
Tschüs!	İyi günler!
Bis bald!	Yakında görüşmek üzere!
Bis morgen!	Yarın görüşmek üzere!
gestern/heute/ morgen	dün/bügün/ yarın
am Vormittag/ am Nachmittag	öğleyin/ öğleden sonra
am Abend/ in der Nacht	akşam/ gece
um 1 Uhr/2 Uhr …	saat 1'de/ 2'de …
um Viertel vor (nach) …	saat … 'e çeyrek kala ('yi çeyrek geçe)
um … Uhr 30	saat … otuzda
Minute(n)/Stunde(n)	dakika(lar)/saat(ler)
Tag(e)/Woche(n)	gün(ler)/hafta(lar)
Monat(e)/Jahr(e)	ay(lar)/yıl(lar)

Wochentage

Montag	pazartesi
Dienstag	salı
Mittwoch	çarşamba
Donnerstag	perşembe
Freitag	cuma
Samstag	cumartesi
Sonntag	pazar

Monate

Januar	ocak
Februar	şubat
März	mart
April	nisan
Mai	mayıs
Juni	haziran
Juli	temmuz
August	agustos
September	eylül
Oktober	ekim
November	kasım
Dezember	aralık

Zahlen

0	sıfır	19	ondokuz
1	bir	20	yirmi
2	iki	21	yirmibir
3	üç	22	yirmiiki
4	dört	30	otuz
5	beş	40	kırk
6	altı	50	elli
7	yedi	60	altmış
8	sekiz	70	yetmiş
9	dokuz	80	seksen
10	on	90	doksan
11	onbir	100	yüz
12	oniki	200	ikiyüz
13	onüç	1 000	bin
14	ondört	2 000	ikibin
15	onbeş	10 000	onbin
16	onaltı	100 000	bir milyon
17	onyedi	1/4	çeyrek
18	onsekiz	1/2	yarım

Maße

Kilometer	kilometre
Meter	metre
Zentimeter	santimetre
Kilogramm	kilogram
Pfund	yarım kilo
Gramm	gram
Liter	litre

Unterwegs

Nord/Süd/West/ Ost	*kuzey/güney/batı/ doğu*
oben/unten	*alt/üst*
geöffnet/geschlossen	*açık/kapalı*
geradeaus/ links/ rechts/ zurück	*direk/sol/ sağ/geri*
nah/weit	*yakın/uzak*
Wie weit ist das?	*Ne kadar uzak?*
Wo sind die Toiletten?	*Tuvaletler nerede?*
Wo ist die (der) nächste …	*En yakın …*
Telefonzelle/ Bank/ Polizei/ Geldautomat?	*telefon kulübesi/ banka/ polis/ para otomatiği … nerede?*
Bitte, wo ist … der Bahnhof/ der Busbahnhof/ der Fährhafen/ der Flughafen?	*Lütfen … tren garı/ otogar/ liman/ havalimanı nerede?*
Wo finde ich … eine Apotheke/ eine Bäckerei/ Fotoartikel/ ein Kaufhaus/ ein Lebensmittel- geschäft/ den Markt?	*Eczane/ Fırın/ Fotoğrafcı/ Alış veriş mağazası/ Gıdapazarı/ Pazaryeri … nerede bulabilirim?*
Ist das der Weg/ die Straße nach …?	*… giden Yol/giden cadde bu mu?*
Ich möchte mit … dem Zug/ dem Schiff/ der Fähre/ dem Flugzeug nach … fahren.	*Ben … tren/ gemi/ feribot/ uçak ile … gitmek istiy- orum.*
Gilt dieser Preis für Hin- und Rückfahrt?	*Bu fiyat gidiş-geliş için geçerlimi?*
Wie lange gilt das Ticket?	*Bilet nekadar süreyle geçerlidir?*
Wo ist … das Fremdenverkehrsamt/ ein Reisebüro?	*Turizm dairesi/ Seyahat acentası … nerede?*
Ich benötige eine Hotelunterkunft.	*Bana bir otel odası lazım.*
Wo kann ich mein Gepäck lassen?	*Eşyalarımı nereye bırakabilirim?*

Zoll, Polizei

Ich habe etwas (nichts) zu verzollen.	*Gümrüklük eşyam (yok) var.*
Ich habe nur per- sönliche Dinge.	*Benim sadece özel eşyam var.*
Hier ist die Kauf- bescheinigung.	*Bu satın alma belgesi.*
Hier ist mein(e) … Geld/Pass/ Personalausweis/ Kfz-Schein/ Versicherungskarte.	*Bu benim … param/passaportum/ nüfus cüzdanım/ arabamın kağıdı/ sigorta karte.*
Ich fahre nach … und bleibe … Tage/ Wochen.	*Ben … gideceğim ve … gün kalacağım/ hafta.*
Ich möchte eine Anzeige erstatten.	*Ben bir şikayet de bulunacağım.*
Man hat mir … Geld/die Tasche die Papiere/ die Schlüssel/ den Fotoapparat/ den Koffer/ das Fahrrad gestohlen.	*Benim … paramı/çantamı evraklarımı anahtarlarımı/ fotoğraf makinemi/ valizimi/ bisikletimi çaldılar.*
Verständigen Sie bitte das Deutsche Konsulat.	*Lütfen arayın Alman Konso- losluğunu.*

Freizeit

Ich möchte ein … Fahrrad/ Motorrad/ Surfbrett/ Mountainbike/ Boot mieten.	*Ben bir tane … bisiklet/ motorsiklet/ surfboard/ dağ bisikleti/ kayık istiyorum.*
Gibt es ein(en) … Freizeitpark/ Freibad/ Golfplatz in der Nähe?	*Yakında bir … eğlence parkı/ açık yüzme havuzu/ golf sahası varmı?*
Wo ist die (der) nächste Bademöglichkeit/ Strand?	*En yakın … yüzme imkanı/ sahil?*
Wann hat … geöffnet?	*… ne zaman açık?*

Bank, Post, Telefon

Ich möchte Geld wechseln.	*Ben para bozdurmak istiyorum.*
Brauchen Sie meinen Ausweis?	*Kimliğimi isti- yormusunuz?*

Hinweise zur Aussprache

c	wie ›dsch‹, Bsp.: Naci = Na*dsch*i, Haci = Ha*dsch*i
ç	wie ›tsch‹, Bsp.: Çoban = *Tsch*oban
ğ	Bsp.: Oğlan = O*w*lan (das *w* nur mitschwingen lassen, wie im Englischen: Howard)
ı	(i ohne Punkt) zwischen ›a‹ und ›i‹ liegend
ş	wie ›sch‹

135

Wo soll ich unter- schreiben?	*Nereye imza atmam gerekir?*
Ich möchte eine Telefonverbindung.	*Ben telefon açmak istiyorum.*
Wie lautet die Vorwahl für …?	*… telefon kodu nedir?*
Wo gibt es …	
Münzen für den Fernsprecher/ Telefonkarten/ Briefmarken?	*Telefon kulübesi için jeton/ Telefon kartı/ Posta pulu … nerede var?*

Tankstelle

Wo ist die nächste Tankstelle?	*En yakın benzinlik nerede?*
Ich möchte … Liter … Super/ Diesel/ bleifrei/ verbleit mit … Oktan.	*Ben … litre … süper/ dizel/ kurşunsuz/ kurşunlu … oktanlı istiyorum.*
Volltanken, bitte!	*Lütfen depoyu doldurun!*
Bitte prüfen Sie … den Reifendruck/ den Ölstand/ den Wasserstand/ das Wasser für die Scheibenwischanlage/ die Batterie.	*Lütfen … teker basıncını/ yağ durumunu/ su seviyesini/ cam sileceği için su/ aküyü … kontrol edin.*
Würden Sie bitte … den Ölwechsel vornehmen/ den Radwechsel vornehmen/ die Sicherung austauschen/ die Zündkerzen erneuern/ die Zündung nachstellen.	*Lütfen … yağ değişimini yapınız/ teker değişimini yapınız/ sigortayı değiştirin/ bujileri değiştiriniz/ ateşlemeyi ayarlayınız.*

Panne, Mietwagen

Ich habe eine Panne.	*Benim arabam arızalandı.*
Der Motor startet nicht.	*Motor çalışmıyor.*
Ich habe die Schlüssel im Wagen gelassen.	*Ben anahtarları araba da unuttum.*
Ich habe kein Benzin.	*Benim benzinim kalmadı.*
Gibt es hier in der Nähe eine Werkstatt?	*Burada yakında bir tamirhane varmıdır?*
Können Sie meinen Wagen abschleppen?	*Arabamı çeke bilirmisiniz?*
Können Sie den Wagen reparieren?	*Arabayı tamir edebilirmisiniz?*

Bis wann?	*Ne zamana kadar?*
Ich möchte ein Auto mieten.	*Ben bir araba kira- lamak istiyorum.*
Was kostet die Miete pro Tag/pro Woche/ mit unbegrenzter km-Zahl/ mit Kasko- versicherung/ mit Kaution?	*Günlük/Haftalık/ Sınırsız kilometre/ Kasko ile sigorta/ Kapora … kiralama fiyatı ne kadar?*
Wo kann ich den Wagen zurück- geben?	*Ben arabayı nerede geri teslim edebilirim?*

Unfall

Hilfe!	*Yardım!*
Achtung!/Vorsicht!	*Dikkat!*
Rufen Sie bitte schnell … einen Krankenwagen/ die Polizei/ die Feuerwehr.	*Lütfen, acilen … bir ambulanz/ polisi/ itfaiyeyi çağırınız.*
Es war (nicht) meine Schuld.	*Bu benim suçum (değildi).*
Geben Sie mir bitte Ihren Namen und Ihre Adresse.	*Lütfen bana isminizi ve adresinizi veriniz.*
Ich brauche die Angaben zu Ihrer Autoversicherung.	*Bana hakkında bilgi vermeniz gerekir araba sigortanız.*

Krankheit

Können Sie mir einen guten deutsch- sprechenden Arzt/ Zahnarzt empfehlen?	*Siz bana iyi Almanca konuşan bir doktor/ bir diş doktoru tavsiye edebilirsiniz?*
Wann hat er Sprechstunde?	*Ne zaman görüşme saati var?*
Wo ist die nächste Apotheke?	*En yakın eczane nerede?*
Ich brauche ein Mittel gegen … Durchfall/ Halsschmerzen/ Fieber/ Insektenstiche/ Verstopfung/ Zahnschmerzen.	*Benim … ishale/ boğaz ağrısına/ ateşe/ böcek ısırmasına/ kabıza/ diş ağrısına … karşı ilaca ihtiyacım var.*

Hotel

Können Sie mir ein Hotel/eine Pension empfehlen?	*Siz bana bir hotel/ bir pansiyon tavsiye edebilirmisiniz?*

Ich habe bei Ihnen ein Zimmer reserviert.	Ben sizde bir oda rezervasyon yaptım.
Haben Sie …	Sizde …
ein Einzelzimmer/ Doppelzimmer …	bir kişilik/ iki kişilik …
mit Bad/Dusche/	banyolu/duşlu/
für eine Nacht/	bir geceliğine/
für eine Woche/	bir haftalığına/
mit Blick aufs Meer?	deniz gören bir oda varmı?
Was kostet das Zimmer	Oda fiyatı ne kadar
mit Frühstück/	kahvaltı ile/
mit Halbpension/	yarım pansiyon/
mit Vollpension?	tam pansiyon?
Wie lange gibt es Frühstück?	Kahvaltıyı saat kaça kadar veriyorsunuz?
Wie ist hier die Stromspannung?	Buradaki cereyan akımı nasıl?
Ich reise heute Abend/ morgen früh ab.	Ben bu akşam/ yarın sabah erkenden ayrılıyorum.
Haben Sie ein Faxgerät/ einen Hotelsafe?	Sizde faks/emanet kasası var mı?
Nehmen Sie Kreditkarten?	Kredi kartı alıyormusunuz?
Kann ich Geld wechseln?	Para bozdura bilirmiyim?

Restaurant

Wo gibt es ein gutes/ günstiges Restaurant?	Nerede iyi/hesaplı bir restoran vardır?
Die Speisekarte/ Getränkekarte, bitte.	Yemek listesi/içecek listesi, lütfen.
Welches Gericht können Sie besonders empfehlen?	Özellikle hangi yemeği tavsiye edebilirsiniz?
Ich möchte das Tagesgericht/Menü …	Ben günün menüsünü/ menüyü … istiyorum.
Ich möchte nur eine Kleinigkeit essen.	Az bir şey yemek istiyorum.
Haben Sie vegetarische Gerichte?	Sizde vejetaryan yemekleri varmı?
Haben Sie offenen Wein?	Açık şarabınız varmı?
Welche alkoholfreien Getränke haben Sie?	Alkolsüz içeceklerden hangileri mevcut?
Haben Sie Mineralwasser mit/ ohne Kohlensäure?	Sizde madensuyu/ asitsiz maden- suyunuz varmı?
Das Steak bitte …	Bu bonfileyi, lütfen …
englisch/	ingiliz/
medium/	medyum/
durchgebraten.	iyi pişmiş.
Können Sie mir bitte …	Bana, lütfen …
ein Messer/	bir bıçak/
eine Gabel/	bir çatal/
einen Löffel geben?	bir kaşık … verebilirmisiniz?
Darf man rauchen?	Sıgara içiliyormu?
Die Rechnung, bitte!	Hesap, lütfen!

Essen und Trinken

Apfel	elma
Apfelsine	portakal
Aubergine	patlıcan
Banane	muz
Bier	bira
Blätterteigrolle	börek
Braten	kızartma
Brot/Brötchen	ekmek
Butter	tereyağ
Ei	yumurta
Eintopf	güveç
Eiscreme	dondurma
Erdbeere	çilek
Espresso	espresso
Essig	sirke
Fisch	balık
Flasche	şişe
Fleisch	et
Fleischspieße	şiş
Fruchtsaft	meyva suyu
Frühstück	kahvaltı
Geflügel	kanatlı hayvan eti
Gemüse	sebze
Glas	bardak
Gurke	salatalık
Hackfleischspieße	köfte
Honigmelone	kavun
Huhn	tavuk
Kaffee	kahve
Kalb	dana
Kartoffeln	patates
Käse	peynir
Kebap	kebap
Kirschen	kiraz
Knoblauch	sarmısak
Meeresfrüchte	deniz ürünü
Milch	süt
Milchkaffee	sütlü kahve
Mineralwasser	madensuyu
Nachspeisen	deser
Öl	yağ
Oliven	zeytin
Orangensaft	portakal suyu
Pfeffer	karabiber
Pilze	mantar
Pizza	pide
Reis	pilav
Rindfleisch	sığır eti
Salat	salata
Salz	tuz
Schinken	pastırma
Suppe	çorba
Süßigkeiten	tatlılık
Tee	çay
Thunfisch	palamut
Trinkjoghurt	ayran
Vorspeisen	meze
Wassermelone	karpuz
Wein	şarap
Weintrauben	üzüm
Zucker	şeker

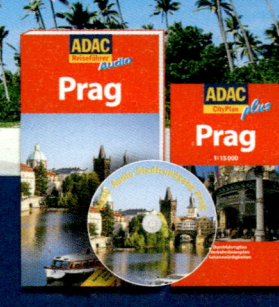

Register

Impressum

Redaktionsleitung: Dr. Dagmar Walden
Lektorat: Dr. Dagmar Walden,
Kirsten Winkler
Bildredaktion: Astrid Rohmfeld
Aktualisierung: Nadine Hildebrandt
Karten: Computerkartographie Carrle,
München
Layout: Martina Baur
Herstellung: Ralph Melzer
Druck, Bindung: Rasch Druckerei und Verlag,
Bramsche
Printed in Germany

Ansprechpartner für den Anzeigenverkauf:
Kommunalverlag GmbH & Co KG,
MediaCenterMünchen, Tel. 089/92 80 96-44

ISBN 978-3-89905-711-9

Neu bearbeitete Auflage 2011
© ADAC Verlag GmbH, München

Bildnachweis

Umschlag-Vorderseite:
Hagia Sophia und Sultan-Ahmet-Park
Foto: Look, München (Ingolf Pompe)

Titelseite
Oben: Bosporusblick vom Restaurant Cihangir (Wh. von S. 8/9)
Mitte: Sultan Ahmet Camii (Blaue Moschee) (Wh. von S. 41)
Unten: Kaffeepause (18. Jh.) im Pera-Museum (Wh. von S. 10)

akg-images, Berlin: 10 Mitte links (Gérard Degeorge), 26 (Erich Lessing), 56 (N.N.), 69 (Lessing), 80 (Degeorge), 97 oben (Hervé Champollion) – Bildagentur Anzenberger, Wien: 45 (Benoit Pesle), 65 (Gerard Sioen), 122 (Yadid Levy) – Bildagentur-online, Burgkunstadt: 125 unten – Bridgeman Art, Berlin: 3 (2. v. oben), 28 unten, 49, 117 – Trustees of the British Museum, London: 58 – Çirağan Palace Kempinski, Istanbul: 7 Mitte – Dpa Picture-Alliance, Frankfurt am Main: 14 (akg/Cameraphoto), 15 oben (akg/British Library), 15 unten (akg), 17 (2) (epa Tolga Bozoglu), 25 unten (united-archives/mcphoto), 73 (epd), 90 (Lars Halbauer), 110 (united archives) – Das Fotoarchiv, Essen: 105 (Manfred Vollmer) – F1 Online, Frankfurt am Main: 46/47 (Glen Allison), 62 (Prisma), 78 (Tips Images), 118 oben rechts (Luis Castañeda), 118 Mitte (Pixtal), 125 oben (photographer's choice) – Hamoglu Tourism Group, Istanbul: 112/113, 114 – Bildagentur Huber, Garmisch-Partenkirchen: 7 unten (R. Schmid), 8 (G. Simeone), 9 Mitte (Da Ros Luca), 11 (Picture Finders), 12 akg Tristan Lafranchis, 22 (Schmid), 37, 41 (Simeone), 50/51 (Schmid), 53 oben (Da Ros Luca), 54/55 (Schmid), 59 (Da Ros Luca), 77 unten, 86/87, 97 unten (Schmid), 100/101 (Gräfenhain), 104, 106, 108/109 (Schmid), 109, 118 unten links, 118 unten rechts (Da Ros Luca), 133 (Schmid) – Istanbul 2010, Istanbul: 20/21 – Istanbul.com: 18/19 – Jupiter images, Ottobrunn: 25 oben (Jäger) – Izzet Keribar, Istanbul: 32 oben, 44, 68, 89, 98, 99 (2), 118 oben rechts – Laif, Köln: 6/7 (Harscher), 7 (Hemis/Marc Dozier), 8/9, 9 oben (Murat Türemis), 9 unten (Le Figaro Magazine/Jean Michel), 10 ganz links (Ludovic Maisant), 10 rechts (Nar Photos/Mehmet Kacmaz), 10/11, 23 (Türemis), 29 (Tophoven), 30, 34/35, 36, 38 (2) (Türemis), 40 (Künzig), 42, 42/43 (Türemis), 53 unten (Moleres), 54 (Tolga Sezgin), 60/61 (Tophoven), 63 (hemis/Philippe Body), 70 (hemis/Marc Dozier), 71 (Nar Photos/Mehmet Kacmaz), 79 (Manousos Daskalogiannis), 83 unten (Nar Photos/Mehmet Kacmaz), 85 (Türemis), 88 (Tophoven), 90/91, 93, 95 (Türemis), 103 (Wh. von S. 4 unten), 124, 125 Mitte (Daskalogiannis), 126 (Tophoven), 127 oben (Butzmann), 127 unten (Tophoven), 129 (reporters), 131 (Türemis), 132 (Heuer) – mauritius images, Mittenwald: 48 (Jose Fuste Raga) – Thomas Mayer Archive, Neuss: 83 oben – Pera Müzesi, Istanbul: 92 unten – Detlef Quintern, Bremen: 32 unten – Dirk Renckhoff, Hamburg: 31, 76 – Schapowalow Bildagentur, Hamburg: 10 Mitte rechts, 92 oben, 123 (Atlantide) – Elisabeth Schnurrer, Augsburg: 47, 52, 77 oben, 81 (2), 82, 107 – Staatliches Historisches Museum Moskau: 13 – Superbild, Taufkirchen: 28 oben (JTB Photo-Tokyo), 115 (A1Pix/Sat) – SZ-Photo, München: 16 (Scherl) – Jochen Tack, Essen: 74/75, 94 unten – Ullstein Bild, Berlin: 66/67 (KPA), 96 (AP) – Visum, Hamburg: 27 (Hermann Dornhege), 33 (Sintesi), 34 (Silke Reents), 61 (Silke Reents), 84 (Carsten Koall), 94 oben (Markiz)

■ 1 Tag in Istanbul

Wer sich nur einen Tag in Istanbul aufhält, sollte am Vormittag den **Topkapı-Palast** und das **Archäologische Museum** besichtigen. Nach einem Mittagessen in einem der Dachgarten-Restaurants im nahen Altstadtviertel **Sul-**

tanahmet steht die **Hagia Sophia** auf dem Programm, gefolgt von der **Sultan-Ah-met-Moschee** (Blaue Moschee) in der Zeit zwischen Mittags- und Nachmittagsgebet.

Über das **Hippodrom** (At Meydani) und die Flaniermeile **Divan Yolu** führt der Weg dann westwärts vorbei an der **Konstantinssäule** zum **Großen Basar**. Hier kann man ebenso gut shoppen wie in den geschäftigen Gassen des Marktviertels **Tahtakale**, die bergabwärts zum **Ägyptischen Basar** in Eminönü führen. Danach sollte man die fantastisch schönen Kacheln der nahen **Rüstem-Paşa-Moschee** bewundern oder die Bosporusfähren am geschäftigen Kai von Eminönü beobachten.

Eventuell gestärkt durch ein frisches *Balık Ekmek* (Fischbrötchen), schlendert man anschließend über die **Galatabrücke** nach Norden, wo auf halber Hanghöhe der **Galataturm** eine herrliche Panoramaaussicht bietet. Der Abend klingt auf Istanbuls Flaniermeile **Istiklal Caddesi** aus, mit kulinarischen Genüssen in der nahen **Nevizade Sokak**. Tanz- und Musikfreunde zieht es zur Nacht noch in einen der Clubs von **Taksim**.

■ 1 Wochenende in Istanbul

Freitag: Der Tag beginnt mit einer Fahrt in den Westen der Altstadt, wo unweit der imposanten **Theodosianischen Landmauer** die **Chora-Kirche**, heute *Kariye-Museum*, hinreißende byzantinische Mosaike und Fresken präsentiert. Anschließend führt ein Spaziergang durch die verwinkelten Altstadtgassen hinab zum Ufer des **Goldenen Horns**. Stromaufwärts kann man die als Wallfahrt wichtige **Eyüp-Moschee** besichtigen und später im **Piyer Loti Kahvesi** bei schöner Aussicht rasten. Als Alternative geht es per Fähre flussabwärts zum interessanten **Rahmi-M.-Koç-Technikmuseum** oder ins **Santral Kunstmuseum** der Moder-

ne. Später schlendert man über die panoramareiche **Galatabrücke** und am Bosporus gen Norden. Am Ufer überrascht die Sultansresidenz **Dolmabahçe Sarayi** mit imperialem Pomp. Danach bietet sich eine Kaffeepause im **Çirağan Palace Kempinski** oder im **Malta Köşkü** des gegenüberliegenden **Yıldız-Parks** an. Das Studentenviertel **Ortaköy** um die malerisch am Ufer gelegene **Ortaköy-Moschee** lädt zum schönen Bummel ein, gefolgt vom Dinner am Wasser und lustigem Nachtleben.

Samstag: Die Glanzpunkte Istanbuls stehen auf diesem Tagesprogramm, die **Hagia Sophia**, der **Topkapı-Palast** und das **Archäologische Museum**. Nach Pause und Spa-

ziergang durch das Viertel **Sultanahmet** bewundert man die herrlich dekorierte Kuppellandschaft der **Sultan-Ahmet-Moschee** (Blaue Moschee). Über das **Hippodrom** und die **Divan Yolu**, vorbei an der **Konstantins-**

säule gelangt man zum **Großen Basar** auf der Suche nach Souvenirs und weiter durch das Marktviertel **Tahtakale** zum **Ägyptischen Basar** in Eminönü. In die märchenhafte Welt der Kacheln entführt zum Finale noch einmal die nahe **Rüstem-Paşa-Moschee**.

Sonntag: Lieblich ist eine **Bosporusfahrt** von Eminönü bis **Anadolu Kavağı** nahe dem Schwarzen Meer. Eine aussichtsreiche *Burgruine* und feine *Fischlokale* sind beliebte Ziele. Nach der Rückkehr geht es auf die **asiatische Seite** Istanbuls. Hier lockt der Stadtteil **Üsküdar** mit Märkten, Moscheen und einigen guten Restaurants am Bosporus. Wählt man eines an der

südlichen Uferpromenade, kann man mit Blick auf den **Kız Kulesi**, den Mädchenturm auf einem Inselchen vor der Küste, zu Abend speisen.